野球崩壊

深刻化する「野球離れ」を
食い止めろ！

KOH HIROO
広尾 晃

イースト・プレス

野球崩壊

深刻化する「野球離れ」を食い止めろ!

広尾 晃

イースト・プレス

はじめに

誰も言わないからあえて言う。このままでは野球に未来はない。

私は一介の野球ファンである。ブロガーとして毎日ブログを書き、野球ファンと話題を共有している。ライターとして野球選手や指導者にインタビューをすることはあるが、あくまで部外者だ。野球関係者ではない。

しかし、このところの野球ファンの減少、とりわけ少年、子ども層の「野球離れ」に大きな危機感を抱いている。休日に公園に行っても、野球をする子どもの姿はめっきり減った。何より、子どもたちの会話から、野球の話が消えている。

プロ野球は空前の観客動員に沸いているが、次代を担う子どもはまったく野球に興味を示していない。マーケティングの原則に照らしても、こうした事態が進行すれば、野球は近い将来、確実に衰退する。野球界は危機感を抱くべきである。

しかしながら、全国紙も、スポーツ紙も、テレビも、迫りくる「野球の危機」を大きく取り上げることはない。相も変わらず、試合経過や選手の活躍、言動を報道するだけである。

このまま手をこまねいていては、野球はマイナースポーツに転落してしまう。

その思いが高じて、この本を書くことにした。野球関係者でなく、しがらみがほとんどない立場だから、自由に書くことができるという思いもあった。

私のような「野球ファン」は、野球関係者ではないが、野球の未来を共有する重要なステークホルダーだと思っている。そのステークホルダーのひとりとして、野球界に警鐘を鳴らしたいと思う。

各界の識者から、野球の現状に関する批判や、未来への提言もうかがった。

本書が、「野球再建」の処方箋になるとは毛頭思っていないが、太平の世を謳歌する野球界に冷水を浴びせることになればよいと思っている。

「野球の未来」に関する議論が巻き起これば、これに勝る喜びはない。

もくじ

【要因②暴力、パワハラ】
「マフィアが野球を教えている」／人権意識は生まれているが

【要因③勝利至上主義】
勝つためなら何でもする／草創期からあった勝利至上主義／一球入魂

【要因④エリート主義】
本物のエリートがはじめた日本野球／3年間一度も試合に出ない野球部員／是正されつつある「エリート主義」

【要因⑤24時間、365日野球漬け】
私財をなげうつ指導者たち／部活顧問をやりたがらない先生たち／「高校野球は人生そのもの」／シーズンスポーツの考え方／野球バカを生み出し続ける指導法／変貌するスポーツ界

【要因⑥団結しない野球界】
お山の大将の集まり／プロ、アマ対立の歴史／プロ野球と高校野球の谷間／一部分にとどまるプロ・アマ連携

野球再建への提言——③

47都道府県で「野球を観るチャンス」をつくる必要がある。
プロだ、アマだ、独立リーグだと言っている場合じゃない。

鍵山誠　一般社団法人日本独立リーグ野球機構 会長／四国アイランドリーグplus 事務局理事長

第1章

プロ野球があぶない

観客動員増の裏で起きた「モラル崩壊」

〝野球の申し子〟清原和博の覚せい剤使用

２０１６年のプロ野球界は、開幕を前にして大揺れに揺れた。

まず、２月２日。通算２１２２安打、５２５本塁打の大打者で、ＰＬ学園時代は桑田真澄とともに甲子園を沸かせた清原和博が「覚せい剤所持」の容疑で警視庁に逮捕された。

清原は２００８年にプロ野球を引退後、野球解説者、タレントとしてマスコミを賑わしていたが、２０１４年３月、「週刊文春」が、覚せい剤使用疑惑を報道した。清原は事務所を通じて抗議し、名誉棄損で訴訟をすると発表した（実際には訴訟は起こさず）。しかし、この時期には清原が全身に刺青を入れていることが明らかになる。９月には亜紀夫人との離婚を発表。

私はこの年の10月に、東京で複数の週刊誌記者から清原和博の容疑が「真っ黒」であり、逮捕が秒読みであるとの話を聞いた。

持病の糖尿病の悪化もあって、清原は一時期メディアへの露出が減っていたが、２０１５年の４月頃から再びタレント活動を開始。11月にはブログを開設し、身辺雑記を紹介するなどしていたが、2016年2月2日、自宅にしていた東京・港区のマンスリー・マンションに警視庁の捜査員が踏み込み、覚せい剤のビニール袋を手にした清原を覚せい剤所持容疑の現行犯で逮捕した。清原は、所持容疑だけでなく使用容疑も認め、拘置所に収監される。

清原がいつから覚せい剤を使用していたかが焦点となるなか、巨人時代の同僚の投手・野村貴仁が、清原に覚せい剤を渡したと話した。野村は引退後の2006年に覚せい剤取締法違反容疑で逮捕され、執行猶予付きの有罪判決を受けている。

野村はオリックス時代には、体内に入ると覚せい剤と同様の作用を起こすグリーニーを外国人選手から入手していたことも明かす。グリーニーはオリンピックなど国際的な大会では禁止薬物になっている。清原もベンチでグリーニーを飲み物に溶かして飲んでいたとされる。野村の証言から、野球界の薬物汚染疑惑が生じた。

清原和博は、覚せい剤所持、使用、譲り受けの容疑で起訴された。3月17日に保釈金500万円で保釈された清原は、重度の糖尿病の治療のため千葉県松戸市の病院に入院。

5月17日の公判では、清原の同級生だった横浜のクローザー・佐々木主浩が情状証人として証言台に立った。公判は一日で結審し、検察は懲役2年6か月を求刑した。

清原の保釈後、「週刊文春」は、左肩から下腹部にわたって、大きな竜の刺青をした清原の上半身裸の写真を掲載。広域暴力団山口組の中枢である弘道会の幹部と親しい関係にあることも報道した。

清原和博は、桑田真澄とともに春夏の甲子園に5度出場、すべてベスト4以上の成績。優勝2回、準優勝2回。甲子園通算13本塁打は空前絶後の記録となっている。プロ野球の1年目には、高卒新人の新記録となる31本塁打を記録。掛け値なしに野球界が生んだスーパーエリートだった。この清原のおぞましい転落劇は、野球ファンのみならず、社会に大きな衝撃を与えた。

しかし、清原のかつての所属球団である讀賣巨人軍、西武ライオンズ、オリックス・バファローズや、日本野球機構（NPB）、高野連、学生野球連盟は、清原和博は現在は無関係の人物であるとしてコメントもせず、何ら対応もしなかった。

5月31日、東京地裁は懲役2年6か月（執行猶予4年）の有罪判決を下した。裁判官は法廷で、「お父さんや親戚、全国の根強いファンが更生を望んでいることを忘れないでください。息子さんたちのためにも覚せい剤をやめ、人の役に立つ存在になることを期待しています」と説諭した。

讀賣巨人軍選手の野球賭博事件

続いて、プロ野球ペナントレースの開幕を17日後に控えた2016年3月8日になって、讀賣巨人軍は、賭博に関与したとして、投手の高木京介の名前を公表した。

この事件は、前年11月に決着したはずだった。

2015年10月5日、讀賣巨人軍は、所属する投手の福田聡志が、野球賭博に関与していたと発表した。9月30日、二軍本拠地の川崎市、讀賣ジャイアンツ球場に、福田の野球賭博の借金を取り立てに大学院生のA（逮捕後、松永成夫と実名が明らかになる）が現れ、事件が発覚したものだ。

さらにこの野球賭博は、同じく巨人軍投手の笠原将生が福田をAに紹介したのが契機であり、笠原は後輩の巨人軍投手、松本竜也も野球賭博に引き入れていたことが明らかになった。一連の野球賭博は、笠原ときわめて親しい飲食店経営者のB（斉藤智）との関与がきっかけだった。

讀賣巨人軍は、3選手を日本プロ野球機構（NPB）に通告。さらに11月9日に、福田、笠原、松本の3選手の契約を解除。また原沢敦・讀賣巨人軍専務取締役兼球団代表の引責辞任を受理したことも発表した。

併せてヒヤリング結果を発表し、3選手が野球賭博だけでなく、裏カジノで違法賭博を行っていたこと、さらに、他の巨人の選手が高校野球くじや賭け麻雀、賭けトランプなどの違法行為を行っていたことも発表した。

しかし、3選手以外に違法賭博を行っていた選手は実名を公表せず、厳重注意を行ったことだけが発表された。

翌11月10日には、NPBの熊崎勝彦コミッショナーが、3選手は日本プロフェッショナル野球協約第180条（賭博行為の禁止及び暴力団員等との交際禁止）に抵触すると発表。3選手は無期限資格処分となった。ただし、3選手が八百長を行った事実は確認できなかった。

NPBは、文部科学省に調査結果を報告。NPBのオーナー会議では再発防止策に取り組むことが確認された。

NPB、讀賣巨人軍は、これをもって事件の調査と処分は完了したとしたが、外部の関与者についても十分な調査を行うことができず、3選手の足切りをして、早急な幕引きを図った感は否めなかった。

果たして、その事件が翌2016年シーズンの開幕直前になって再燃したのだ。

「文春砲」の餌食になる野球界

きっかけは、この週に発売された「週刊文春」の笠原将生のインタビュー記事だった。

笠原は、巨人軍の後輩T（高木京介）に野球賭博の借金があることを明かした。これを受けて「週刊文春」の編集部が巨人軍に事実関係を問い合わせたことで事態が発覚。巨人は高木に問いただした。高木は一旦否定するが、家族や知人に相談。隠しおおせないと観念して前言を翻し、野球賭博をしていた事実を明らかにした。高木は笠原将生に誘われて、野球賭博を行っていたのだ。

讀賣巨人軍は、事態の責任を取って、渡邉恒雄最高顧問、白石興二郎オーナー、桃井恒和球団会長の3首脳が引責辞任した。

高木京介は、3月10日に単独で記者会見を行い、言葉に詰まりながら謝罪を口にした。

「週刊文春」は、笠原に違法賭博や野球賭博の手ほどきをした飲食店経営者・斉藤智のインタビューも掲載。さらに翌週には松本竜也のインタビューも掲載。

このなかでは、試合前の「円陣声出し」にともなう金銭授受や、ファンゴ（ノック）でのエラーに対する罰金、高木京介など3選手以外の選手の裏カジノへの出入り、選手間での高校野球くじなども明るみに出て、「なんでも金で落とし前をつける」讀賣巨人軍の常識外れの体質を世間に知らしめた。

「週刊文春」は、前年以来、芸能界や政界のスキャンダルを次々と暴露、世の中を震撼させ「文春砲」の異名をとっていた。NPBや讀賣巨人軍が「文春砲」の餌食になったのは、不祥事が明るみに出た時に、徹底究明をし、その結果を洗いざらい公表することをせず、組織防衛を図って糊塗《ことさく》策に終始したからだった。

情報化が進展した現代社会では、「不都合な真実」は隠しおおせるものではなかった。企業のリスクヘッジの考え方では、自浄能力を発揮しない（できない）組織は生き残れないとされているのだ。

文春以外にも産経新聞が、笠原将生、斉藤智へのインタビュー記事を公表。NPBは、その記事中のスポーツ評論家・玉木正之の感想が事実と異なるとして、産経新聞に抗議をし、NPBへの事実上の「出入り禁止」を通告した。

清原和博の事件に比べて、野球賭博事件はその根の深さと、現役選手が関与していたという点で、はるかに深刻な事件だった。

プロ野球界の「金まみれ体質」

開幕が迫るなかで、NPBはこれ以上マスコミによってスキャンダルが暴露されることを恐れて、各球団に「不祥事に類するものは洗いざらい公表するように」との通達を出す。

これに応じて、阪神、中日、広島、ヤクルト、DeNA、ソフトバンク、西武、楽天が3月22日までに選手、職員の「問題行動」を次々と公表した。

ファンゴ（ノック）の際や、円陣声出しの際の金銭授受。高校野球の賭け。賭博常習者との交際。

これらの不祥事のなかには、違法性が疑われるものも多かったが、各球団はすべて「野球協約には抵触しない」とし、関与した選手を厳重注意したにとどまった。

3月22日、NPBは、高木京介を「1年間の失格処分」とした。他の3選手より処分が軽かったのは、野球賭博への関与期間、回数ともに他の選手よりも少なかったからだとされた。しかし、高木京介は裏カジノで闇スロットを行った事実が明らかになっている。反社会組織の資金源となっている裏カジノへの出入りは、深刻な有害行為だと思われたが、これは考慮されなかった。

プロ野球はこういう形で「総ざんげ」を行い、開幕を迎えた。天候にも恵まれて、各地の開幕戦はどこも満員となった。

ファンのなかには「開幕戦満員、ざまみろセンテンス・スプリング（文春のこと）」とツイートするファンもいたが、一方では「もうプロ野球は観ない」というファンもいた。

バドミントン界との処分の差

4月7日、産経新聞は、リオデジャネイロ五輪のバドミントン男子で日本代表入りが確実視されていた世界ランク4位の桃田賢斗と、2012年のロンドン五輪で日本代表だった田児賢一が、東京都墨田区錦糸町の違法な闇カジノ店に出入りしていたと報じた。

日本バドミントン協会の銭谷欽治専務理事は、桃田を日本オリンピック委員会に推薦しないと言明。翌日にはふたりが謝罪会見を行う。

日本バドミントン協会は、4月10日、闇カジノに1000万円をつぎ込んでいた〝主犯格〟の田児賢一を無期限の登録抹消処分、桃田賢斗を無期限の競技会出場停止処分とした。

4月11日にはこれらの選手が所属するNTT東日本が処分を発表。田子は解雇、桃田は出勤停止30日、関与が明らかになったその他の選手は厳重注意とするなどの処分を発表した。

このバドミントン界の果断な処分は、闇カジノに出入りしている選手がいることを把握しながら選手名を公表せず、厳重注意だけでとどめたNPBと際立った対比となった。一部のメディアは、バドミントン界とNPBの「モラル」「コンプライアンス意識」の差について報じた。

バドミントン界の処分が終わったあと、笠原将生はNHKのインタビューに答えて、「ジャイアンツのなかでは闇カジノに行っても野球規約には反しないから、おとしの球団の調査では名前は公表されず、僕も厳重注意で終わりました。僕が言えることではないですが、同じ行為なのに、かたや（バドミントンは）五輪の道を閉ざされ、何が違うのかという気持ちはあります」と話した。

一連のNPB、巨人の野球事件に関して、ツイッターでもっとも流布したのが、このコメントだ。

〝清原が覚せい剤で逮捕されようが巨人が野球賭博関与者4名出そうが開幕はきっと大盛り上

がりになるんだよな。プロ野球ってとんでもないな。他のスポーツなら考えられない。大相撲でも一場所無くなったし、サッカーだと欧州でも下部へ強制降格するぞ。日本人が野球に甘いにも程がある。〟

今、日本社会が野球界に向けるまなざしは、この言葉に集約されているだろう。

4月29日、警視庁組織犯罪4課は、賭博開帳等図利幇助の疑いで笠原将生を、賭博開帳図利の疑いで斉藤智を逮捕した。また7月には賭博図利の疑いで大学院生Aこと松永成夫と笠原の中学時代の先輩の大石健太郎を逮捕した。いずれも巨人選手と野球賭博を行っていた賭博常習者だ。

〝社会の変貌〟に気がつかない野球界

こうした不祥事に対する野球関係者の反応は鈍い。

実質的に球界を追われた3人に対して、まだ処分が決まる前から「再起の道を残しておいてほしい」と言う解説者もいた。

また、賭け麻雀や握りゴルフに対して「誰でもやっていること」と言い、1万円、2万円という金を賭けていたことについても、「一般の人には大金かもしれないが、高額所得者のプロ野球選手にとってははした金」という関係者もいた。

賭博に関して、解説者などのOBの口が重たいのは、彼らも「叩けばほこりが出る体」だからではないかと思われた。

私は2015年に、『巨人軍の巨人 馬場正平』（イースト・プレス刊）という本を上梓したが、取材をしていると、1950年代の野球選手がいかに賭博まみれだったかがよくわかる。

キャンプでは練習が終わると、宿舎である旅館の大広間のあちこちに雀卓がおかれ、毎夜大麻雀大会になる。監督など首脳陣も、選手との親睦のために、雀卓を囲むことがある。

野村克也は、遠征のときには、選手は試合が終わって宿舎に戻ると、ユニフォームのままで雀卓を囲むのが普通だったと言っている。これらはおそらく、すべて賭け麻雀である。当時から違法賭博だった。少額の金を賭ける程度なら罪に問われることはないが、野球選手の麻雀のレートは高かった。

新聞記者たちは、この光景を見ていた。「試合が終わればエースと4番が仲良く卓を囲む」などと記事にも書いたが、その違法性を指摘するものは皆無だった。

スポーツ紙の記者は球団番になると先輩から「選手と卓を囲むな、レートが高くて破産するから」と忠告されたという。

このころからプロ野球選手はゴルフをしたが、ゴルフも「握る」のが当たり前だった。レートもきわめて高かった。プロ野球選手のレートで一緒に遊ぶことができる人は、企業の重役クラスや自営業など限られていた。新聞の目が届かない地方のゴルフ場では、暴力団関係者も、格好の遊び相手だった。

一方で、日本社会のモラル、規範意識はここ20年ほどで大きく変わった。

かつては見逃されていた飲酒運転やスピード違反の取り締まりが厳格になった。喫煙のマナーも厳しくなり、禁煙指定区域で喫煙をすると罰金を取られるようになった。職場で甲子園やプロ野球のチームに賭けるトトカルチョも、見つかれば罪に問われるようになった。官公庁や有名企業などでは新聞沙汰になることもあった。

暴力団は「反社会勢力」と規定され、警察はこれを排除、撲滅すべく徹底的な取り締まりをするようになった。

企業や組織では、「コンプライアンス（法令順守）」という言葉が、広く使われるようになったのだ。

昭和の時代と平成では、人々の意識が大きく変わった。社会のルールも変貌したのだ。

プロ野球界、関係者は、こうした変化にあまりにも鈍感だったと言わざるを得ない。彼らにとっては何でもない遊びでも、それが違法であれば、罪に問われる可能性もあるのだ。

また、プライベートであっても、反社会勢力との交友は、そのこと自体が問題視されるのだ。

不祥事を起こしたOBや選手だけでなく、その周辺のコメントを見ても、彼らはいまだに「昭和の時代」を生きているのではないかと言いたくなる。

プロ野球界は、社会から取り残されつつあるのだ。

〝野球の裾野《すその》〟が消えていく

こうした深刻な不祥事にもかかわらず、野球界は盛況だ。

春夏の甲子園球場の高校野球には、多くの観客が詰めかける。好カードになると、満員札止めも珍しくない。

プロ野球は2015年、正確に観客動員を記録するようになった2005年以来、最多の2423万人を動員した。「カープ女子」など新しい客層も増えている。

これらの数字を見ていると、野球界の将来は明るいように思える。

しかし一方で、十代以下の世代では、野球を知らない子どもが大半を占めるようになっている。若者世代では野球はもはやマイナースポーツになっている。

今の野球支持層の中心は、「昭和の時代」の価値規範を持った中高年層だ。いわば、野球界と同質の人たちだと言ってよい。彼らは多少の不祥事があろうとも、野球を見放すことはない。「今さらサッカーや他のスポーツに宗旨替えできるかい」という気持ちがある。

しかし、彼らがさらに高齢になり、次の世代が消費の主役になったときには、野球は確実にマイナースポーツに転落するのだ。次章以降で詳しく紹介するが、それはもはや不可避になっている。

清原和博の覚せい剤所持、使用事件、そして一連の野球賭博事件で、私がもっとも危惧するのは、「若年世代の〝野球離れ〟が、さらに加速するのではないか」ということだ。

松井秀喜は、今回の野球賭博事件で、はっきりと自身の意見を言った数少ない野球人だ。星稜高校の後輩、高木京介の野球賭博が発覚した時にテレビに出演した松井は、

「（高木京介の件は）高校の後輩でもあり残念なこと、私としても申し訳ないという気持ちがある。（野球賭博は）だめなものはだめ。なぜかと言えば八百長につながる恐れがあるから。ここで12球団の選手全員が、その意識を持つべき。50年近く前に黒い霧事件があったが、そういう意識が薄れてきたのかもしれないが、しっかりと再スタートしてほしい」

と言った。そして、

「こういうことがあると、ファンの方はそっぽを向く。（プロ野球は）子どもたちが憧れる世界。プロ野球選手になりたいという気持ちを壊してしまう。それが一番、罪なことだと思いますよ」

と締めくくった。

まさに、松井秀喜が憂慮するような事態が今、進行しているのである。

ノビシロはまだまだある。やる気になれば、3年で野球は大きく変わる！

◉インタビュー

小林 至（こばやし・いたる）

江戸川大学教授／元プロ野球選手

東京大学出身の元プロ野球選手であり、日米のスポーツ経営に精通している小林至。現場を知る人だからこそ直言できることも多い。できること、できないこと、やっていないこと。ビジネスの視点から、プロ野球、高校野球の未来について明快に語った。

野球は「観るスポーツ」として日本人に向いている

——野球は、なぜここまで日本人に愛されるようになったのでしょうか？

アメリカ生まれのベースボール。日本に輸入され、〝野球〟という正岡子規《まさおかしき》があてはめた独特の訳語が示唆している通り、日本固有の発展を遂げ、国民に幅広く愛される、いわゆる「ナショナル・パスタイム」として認知されてきました。

もともと野球は日本人に向いていると思うのです。相撲もそうですが、考える間があって、リセットができる。また一発逆転のギャンブル性、サスペンスがあります。「観るスポーツ」としてこんなに面白いスポーツはないでしょう。

ホークス球団に在任していた際、王貞治会長と、時々こんな話をしました。王会長が、満員のヤフオクドームのスタンドを見渡し、「いつもありがたいよね。でも、このうち、硬式野球の経験者はどれくらいいるかな？」。私が、「どうですかねえ。今、男子高校生が一学年60万人で、このうち高校で硬式野球をしているのは6万人程度です。僕らの時代は、100万人中4万人程度でした。高校で硬式野球をやらないで、別のところで新たに硬式野球をやるのは難しいでしょうから、人数はそんなものではないですかね」と言うと、「硬式野球のプレー経験がなくても、こうして観て楽しんでもらえる。野球は、『観るスポーツ』としては、よくできているんだろうね」。

アメリカでもっとも人気のある「観るスポー

ツ」はアメリカン・フットボールですが、これも実は、本格的にプレーしたことがある人はほとんどいない。でもあれだけの賑わいがある。なかには、ルールがわからないで観ている人も結構います。野球がスリーアウトで攻守交替となることを、日本人ならばみな分かっているように、4回で10ヤード進まないと攻守交替になるというところまでは分かっても、ポジションを全部言える人は、ほとんどいないでしょう。でも、アメリカではダントツの一番人気。「やるスポーツ」としてのハードルは高くても、「観るスポーツ」として親しまれるのは、アメリカン・スポーツの特色なのかもしれませんね。

「ファン層の変革」と「地域密着」は福岡からはじまった

──プロ野球は、最近、観客動員を伸ばしていますね。

実際、野球は「やるスポーツ」としては、ハードルが高いですよ。ルールが複雑ですし、用具も高価で特殊。グラウンドは、広さも必要なら、マウンドやベースなど、特殊な構造が必要ですから。さまざまな奇跡があって、競技スポーツとしても一番になっていきましたが、これからを考えると相当に厳しいでしょう。今がピークじゃないかという悲観的な気持ちにもなります。

それでも、プロ野球は2500万人に迫る観客動員を記録しています。なぜ、最近、こんなにお客が入るようになったか？　それは、この10年の各球団の経営改革が大きいと思います。

2004年、オリックスと近鉄の合併に端を発した「球界再編」では、球団経営の問題が、いろいろとクローズアップされましたが、そのひとつに、ファン層の「高齢化」と「男性偏在」が明らかになりました。当時、指摘されたのが、観戦者の7割が男性で、しかもそのうち7割が高齢者というものでした。要するに、半分が高齢の男性だったという。そういう産業に明るい未来はないと酷評されていました。

ただ、ホークスについて言うと、ダイエー時代に蒔いた種が実を結びつつありました。福岡ダイエー・ホークス時代、当時の社長・高塚《こうつか》猛《たけし》さんにインタビューをしたことがあります。その後、問題を起こして辞任することになりましたが、話をしていて、興行師としての腕は、確かなものだと感じました。

「『ピッチャーが投げるときは静かにしなければならない』とか、『試合に集中しろ』とか何を言ってるんだ、と。ホームチームで毎年70も試合をするということは、要するにお祭りですよ。『俺があの選手を育てた』とか日々のいろいろなストーリーがあって、わっしょいわっしょい騒ぐために来ている。みんなで時間と空間を共有して、気持ちよくなるんだ」と。で、観戦のスタイルを変えるために、サービスも変えていった。野球人からすると、一瞬たじろく考え方ですが、確かにお客さんは増えていた。それも、若年層、女性が。この手法は、球界再編を経て、他球団にも広がっていきました。

ホークスが球界に及ぼした好影響は、たくさんあると思っていますが、原点は、ダイエーが親会社になって、福岡に移転したことです。ここからプロ野球の「地域密着」がはじまりました。福岡にドーム球場を造った中内功《なかうちいさお》(元ダイエーグループ会長)さんに、野球界は足を向けて寝られませんよ。毎年60億円利益を出さないと収支が合わない、つまり採算に合わないものを760億円もかけて造ってくれたのですから。

ソフトバンクが親会社になってからは、女性用のトイレを圧倒的に増やしました。ターゲットは、女性と子ども。エンターテインメントの王道です。かつてのプロ野球は、そういう観点はありませんでした。川崎球場のトイレなんて男女が分かれていませんでしたから。まあ、かつてのパ・リーグ球団の多くは、集客努力もあまりしていませんでした。どうせムリだと諦めていたのでしょう。

そんなパ・リーグが、現在の「人気も実力もパ」と言われるくらいになる、決定的なターニングポイントは、あの王貞治さんが福岡に行ったことだと思います。当時のセ・リーグは、大リーグが日本のプロ野球を見るかのごとく、パ・リーグを一段低い位置とみなしていたように感じます。

私は、ホークス入りして最初の5年間、各球団の代表者が集まる会議体（実行委員会）に出席して、過去の資料や関係者との雑談のなかで、そのことがよく分かりました。実際、球界再編後でもなお、まだそう思っている関係者もいましたよ。

巨人戦が全国中継され、その恩恵でセ・リーグがピカピカに輝き、その分、パは日陰の存在に留まっている、そんな時代に、巨人で育った球界の至宝、王貞治さんがダイエー・ホークスの監督になった。このことで地殻変動が起こったんですね。「あの王さんがいる」ダイエーやパ・リーグを馬鹿にできなくなった。

そこに、さきほどお話した、集客革命。ダイエーの「カスタマー・ファースト」の考え方を実践した結果でもあるでしょう。パ・リーグの公式戦が、チケットを買って入場したお客さんで連日埋まるようになり、飛躍的に売上が伸びた。

このダイエー・ホークスの成功で、「地方でもやれるじゃないか」ということになって、東京で集客に苦しんでいた日本ハムが、北海道に移転した。ホークスの成功を見て、「地域密着」に活路を見出そうと決心したのでしょう。

こうして、マーケティング改革が進み、その成果が、「カープ女子」という形で世の中に知っていただいた、ということなのだと思います。このあたり、全国となると、やっぱり、セ・リーグの知名度、アピール度は大きいですよ。裏を返せば、パ・リーグはまだまだです。

女性が球場に来てくれるようになり、客単価も上がりました。せいぜいビール一杯飲むくらいの高齢者の男性ファンと違って、女性ファンは、まずグッズを買ってくれる。スタジアムは、女性ファンにとってハレの舞台ですから、ユニフォームを着て、グッズを買って、応援して、観戦体験を、まるごと楽しんでくださる。ディズニーランドと同じです。スーツ着て澄ましていてもしょうがないじゃない、というところでしょう。

そんなの邪道だ、やっぱり野球を観ることが本質だ、という声もあります。それもそうかもしれませんが、本場アメリカのスタジアムに行ってみてください。プレーオフや、天下分け目の一戦でもない限り、グランドで行われているプレーの一挙手一投足に注目している人はほとんどいない。スタジアムの雰囲気を楽しみに来ているのです。そういうスタイルも含めて、いろんな楽しみ方があっていいと思います。

今のビジネスモデルは飽和状態に近づいている

——でも、同時に地上波でのテレビ中継は、実質的になくなっています。

そういう改革が進んで10年、プロ野球はまた踊り場に来たと思います。かつて、セ・リーグには「巨人戦の放映権ビジネス」というものがありました。巨人戦は視聴率が平均で20％以上、まさにお化け番組でした。ドリフや欽ちゃんも、かつてそう呼ばれましたが、巨人戦は90年代に入ってもなおそうで、最後のお化け番組だったと思います。130試合すべてが、ゴールデンタイムに全国中継される巨人戦。他のセの球団は、巨人戦の26試合が全国中継される。

パ・リーグにはそれがない。80年代までは、それがないからボヤき、諦めていましたが、ダイエーが福岡に移転してから、「地域密着」という新たな可能性がみえた。そこから、本気の集客戦術に目覚め、今に至る。でも、それも飽和状態。顧客満足度向上を収益機会に結びつけるのも、限界が近づいています。

たとえば巨人。東京ドームの観客動員率は95％を超えています。さらに上を目指すならば、客単価を上げるしかない。大リーグは、クラブシートと呼ばれる、ラウンジや飲食のサービスがついたシートで客単価を劇的に向上させました。ヤンキースのクラブシートは、一席1500ドル（約15万円）ですよ。こうした経営努力を重ねて、この20年でビジネス規模を7倍にした。

ヤンキースの1500ドルは極端にしても、日本も客単価の高いシートを導入したいのですが、そういう客層に満足してもらえるホンモノのクラブシートとなると、大幅な改装が必要になります。しかし、東京ドームは巨人のものではありませんし、東京で新スタジアムとなると、建設費用もさることながら、立地も、あんな良い場所はもうないですよ。福岡もずっと改装を続けてきましたが、あの箱のままでは、やれることももうなくなってきました。

この状況を打破しなければならない。そのためには優秀な人材が必要です。球界再編でプロ野球経営が脚光を浴び、合併、売却、新規参入と、人材が流動化したあのころ、優秀な人材が外部から入ってきました。この10年余り、プロ野球の経営力が向上したのは、彼らが与えた刺激も大きかったのですが、その多くが、2、3年でやめていきました。野球界には、彼らが求めるような劇的な早い変化もないし、親会社系の人か、あるいは野球経験者でないと、何かとやりづらい。

それでも、あのときは、球界全体が「変わらなきゃ」という思いが強く、ある程度は動けましたが、やっぱり保守的な体質ですから、これ以上は難しいなということで、離れていったのだと思います。

それにペイが悪い。たとえばGMという役職。チーム編成の責任者で、MLBではどの球団にもいる、お馴染みの役職ですが、年収は、どんなに売上の低い地方球団でも50万ドルを下ることはありません。上は、ヤンキースのブライアン・キャッシュマンの300万ドルですが、このGM職、役員ではなく、選手のような業務委託でもない、要するに社員ですよ。役員ともなるともっともらっている。MLBは、フロントも夢の世界なのです。

対する日本。確かに、いまの日本で、スポーツで身を立てるのは、圧倒的に野球ですが、その運営サイドはどうでしょうか。雇われの身で、億単位の年収をもらっている人はひとりもいないでしょう。社長でも、年収1500万もいかない球団もあります。球団職員の年収は、同年代のサラリーマンと比べて決して多くはない。大手企業と比べると、半分くらいだったりすることもざら。Jリーグあたりになるともっと厳しく、生活も成り立たないという理由で、泣く泣く大好きな仕事を離れるケースも少なくありませんから、それよりはマシと言っても、やっぱりね。

ペイが低くてもやりがいのある仕事を「ドリーム・ジョブ」と言いますが、給料が安いところにいい人材は来ません。そこを解決すればまた野球界は好転するかもしれないですね。

自治体に頼れないプロ野球は「魅力的な投資先」になる必要がある

――大リーグと比べると、日本のプロ野球はいろいろな面で見劣りします。

ここ20年で大リーグと日本のプロ野球の経済格差は大きく広がりました。1995年の大リーグは年商1400億円、日本のプロ野球は1200億円程度（推定）でした。球団数は28球団と12球団ですから、1球団の売り上げで言えば50億円対100億円で日本のほうが上だったのが、今では9000億円と1500億円。1球団でも300億円と120億円と2・5倍くらいになっています。

要因の半分くらいは日米の経済成長の差です。

アメリカの経済はこの間に2・5倍になっている。日本は変わりません。ちなみにユーロ圏は3倍です。

この間、日本のプロ野球は落ちもせず上がりもせず、よく頑張っているとは思いますが、夢という意味では、ちょっと色褪せた感じはしますよね。むろん、ここまでお話した通り、ファン層が、女性客が半分を超え、平均年齢がぐっと下がるなど、明るいニュースもあります。

一方で、日本プロ野球には、箱の限界とマーケットの限界が立ちはだかっているのも、これまた現実です。大リーグ球団は、自治体が親会社みたいなものです。自治体が建てた球場を、球団は24時間365日、自由に使えて、売上もすべて球団に帰属。それで、年間の賃貸料が1ドルなんていう、夢みたいな話がフツーにある。日本の場合、自治体が地元球団を応援するために、数百万の年間予約席をもらおうとしても、鬼のような顔をして反対する人たちがいる。公共のお金での支援は見込めません。

今、多くの球団は本拠地球場の指定管理者になっています。公共の球場を、運営の費用を負担する代わりに、これまで球団に入らなかった売店収入や、広告看板収入を得ることができる。従来に比べれば、雲泥の差を生んでいる、素晴らしいことですが、アメリカの現状と比べると、ボヤきたくなります。

でも、自治体の制約は、日本のあり方を変えないと仕方がないので、これはどうしようもないですね。そうなると、今後の球団の繁栄は、親会社にとって魅力的であり続けること。もっと言えば、「魅力的な投資先」であり続けること、これに尽きるでしょう。

見習うべきはＮＦＬの普及戦略

――一方で、野球の競技人口は減少しています。

特にライトな野球ファン層が減っている。これはまずいことです。大リーグでもリトルリーグの競技人口が減っています。

野球は、短い時間で強い刺激を求める現代人からすると、牧歌的なスポーツなのかもしれません。競技時間も流動的ですから、テレビのコンテンツとしても嫌がる向きがあるのもわかります。

日本のプロ野球を支えてきたのは高校野球です。甲子園のスターがプロに入り、一流選手になる、そんな成長物語ですね。日本人がドラクエのようなＲＰＧを好むのは、野球の影響だと、私は思っています。

清原和博の覚せい剤事件で、みんながショックを受けたのは、圧倒的大多数の日本人が、大なり小なり差はあれど、彼の人生を、その高校時代から知っているからです。ミュージシャンのＡＳＫＡの覚せい剤事件とはショックの大きさが違う。私たちが知るＡＳＫＡは、スターになってからのＡＳＫＡですからね。

プロ野球は観なくても、高校野球を観る人は多い。甲子園は無理でも、一度は硬式野球をやってみたい、そう思っている人が多いから、男子高校生の10％が、ありがたいことに硬式野球をしてくれているのだと思います。

サッカーは、中学の部活動における競技人口で、軟式野球を抜いて、一番になりましたが、そりゃそうでしょう。日本では、１９９３年にＪリーグが誕生するまで、マイナースポーツでしたが、サッカーは世界でもっとも人気のあるスポーツです。単純明快なルールで、誰でも分かる。ボールひとつあればできるから、カネもかからない。

それよりも見習うべきは、NFLの普及戦略ですよ。アメフトが、アメリカでダントツの一番人気なのは、先に申し上げた通りですが、いくらアメリカの影響色濃い日本でも、この競技の普及は、フーターズを日本で流行らせるより、はるかに難しいと思います。それでも、この難業を、筑波大学とタッグを組んで、その導入版であるフラッグ・フットボールのキットを日本中の中学校に無料でばらまき、学習指導要領に食い込ませた。優秀な方々が取り組めば、こういう戦略ができるのだという、お手本ですね。

「プロアマの壁」を越え、小中学校の授業に組み込む

――普及活動において、野球は後れを取っている印象が否めません。

他のスポーツが子どもの争奪戦をやっているなかで、野球界は一枚岩になれず、馬なりでしか普及活動をしていません。その差がじわじわと現れている気がします。

むろん、野球界も、ただ手をこまねいているわけではなく、普及活動をやらないといけないという意識はあります。カネがあるんだから、プロ野球で率先してやれ、という声があります。まったくその通りだと思いますが、現実に落とし込むと、これが結構、難しい。

たとえば、ソフトバンク・ホークスは、九州を中心に熱心に普及活動をしています。普及活動ですから、採算がとれるようなものではありませんが、そこは、親会社のビジネス、たとえばケータイの顧客開拓・維持を大義名分として、費用対効果についてはある程度、目をつむってやるわけです。また、この活動を通して、OBを雇用し、地域の人にも喜んでもらう。そんな良いサイクルができていますが、では、「楽天やDeNAと一緒にこれができますか」という話になるのです。たとえば、そこで得た個人情報を誰がどのように管理するのか。個人情報の取り扱いについて、世界一神経質なわが国で、NPBで一括管理というわけにはいきませんから、ここで止まってしまう。

今後の野球界をどうするの、という話になると、やはり、「プロアマの壁」の問題に行き突きます。通常、業界団体は、業界の発展のために、様々なロビー活動を行います。しかし、野球界の場合は、団体が細分化され、それぞれが必ずしも協力関係にないなか、誰が何を代表しているかが不明確で、結局、乾坤一擲《けんこんいってき》で業界の利益を押し込んでくる、他のスポーツや娯楽産業に負けてしまうのです。

普及にもっとも効果的なのは、小中学校の体育の授業に入れてもらうことです。そのためには、小中学生が野球を、体育の授業としてやることの意義を、大学などの専門機関を巻き込み、科学的、論理的に文科省などにアピールする必要があります。しかし、野球界は、代表する組織も人も部署も不明確ですから、結局、いいことを言う人はたくさんいても、実行となると、突破力がないのです。

女子の甲子園をやればいい

――サッカーは「なでしこジャパン」以来、女子の競技人口も増えています。

確かに野球は、女子が未開拓です。先日は、甲子園のグランドに女子マネージャーが入っていいかどうかが問題になりましたが、今、男子部員のサポートをしている女子部員が夢を見ることができるようにしないといけない。学生野球憲章からいますぐ女子排除を撤廃したほうがいい。

男子の高校生に混じって、夏の県予選も含めた公式戦に出場することは、もちろん解禁すべきですが、それに加えて、もう全国に女子の硬式野球部があるのですから、女子の甲子園をやればいいんです。

たとえば男子の準決勝の翌日は、女子野球の準決勝をやれば、男子投手の酷使の問題も多少、緩和されるじゃないですか。決勝は、午前に女子で午後に男子。通しのチケットにすれば、満員とまではいかなくても、多くの観客の前で、野球ができるじゃないですか。

これだけ男女の同権が叫ばれているなか、いまの学生野球憲章は拙《つたな》い。言い分はあるでしょうが、ここは、黙って即座に改正したほうがいいでしょうね。

サッカーはアメリカでは女性のほうが圧倒的に人気があります。サッカー通の人に言わせれば、女子なんてとても観ていられないと言いますが、僕ら素人が観ると女子は展開が急で面白いですよ。女性の野球環境を整備すれば、競技人口は増えるし、野球は新たな発展ステージに入れるでしょう。楽しみですね。

高校野球についてもうひとつ言うなら、もう少し商業化してくれると、今後の野球界がより明るいものになります。高野連は今、ビジネス規模としては10億ですが、いまある権利を換金するだけで、１００億まではすぐにいくと思います。きちんとマーケティングをすれば３００億まで行くでしょう。

たとえばバックネット裏。今、春夏の甲子園大会の際は、少年野球の子どもを無料招待していますが、この経緯ひとつ取っても、なんとも歯がゆいですね。ラガーさんなど、いわゆる「8号門クラブ」と呼ばれる方々が占拠している問題を、普及という大義名分をもって解決しようということなんだと思いますが、そんなまどろっこしいことしないで、指定席にして、たとえば2万円取ればいいのではないかと思います。あの席にはそのくらいの価値は十分ありますよ。さらに、飲食をつけたり、ラウンジをつけたり、準々決勝以降は値上げするとか、要するに、マーケットに照らして、多種多様な値付けをしませんかということです。

清貧をモットーにしていて、その気持ちは分からないでもないですが、我々は資本主義の世界に生きているわけで、拡大再生産の発想を持ってもらいたいです。今はインターハイなど高校スポーツや、大学スポーツにもスポンサーがついています。球場使用料やテレビの放映権もそうで、権利に対しては、その対価を市場価格で支払う。そうして儲けたお金を野球の普及のために使うことができれば、拡大再生産のサイクルができるじゃないですか。

そのお金を、地域の子どもたちに、手弁当で野球を教えている方々に回るようにしたいですね。高校野球や大学野球の監督も、正当な給料だけでやっていけるようにしてほしい。NCAAのバスケットやアメフトの監督のように、何億円ももらうべきとは言いませんが、監督として高い能力を発揮する方の年収が2000万円〜3000万円でも、それはもらい過ぎだという人はいないのではないでしょうか。

本来もらえるべき対価をもらわないと、いろいろとゆがんだ形で帳尻を合わせようとします。いわゆる「裏金問題」。あれは法的には問題はありませんが、野球界で定めた内規に照らすと違反です。「裏金」という言葉はちょっと強過ぎるのではないかと当時も今も思っています。ただ、要求もされないのに取っておいてくださいというケースはないとは言いませんが、少ないですよ。資本主義に則り、しっかりしたルールのもとで、拡大再生産を図る。これができれば、野球界はまだまだ、ノビシロありだと思います。

一刻も早く「外資規制撤廃」と「独立リーグとの連携」を！

――再びプロ野球の話になりますが、ビジネスとして再生は可能でしょうか？

いろいろ理想はあるにしても、親会社が喜んでお金を出す対象であり続けることが大事です。つまり、投資価値のある世界であり続けること。そのためにも、外資の条項を撤廃してもらいたい。日本は、黒船以来、外圧をうまく利用して、改革・改善してきました。日本は島国かつ農耕民族の国ですから、それまでの価値観を変えるような変革は、分かっていてもやらない。軋轢《あつれき》やわだかまりを持ったまま、明日も顔を合わせるのはキツイということですね。

ある外資企業から、「日本に特別目的会社を作れば球界参入できるか？」なんて相談を受けたことがありましたが、一日も早く、外資規制を撤廃してほしいですね。

ＭＬＢなどの北米のプロスポーツのように、権利を集中させることも含め、ＮＰＢに大きな権限を持たせようという考えがありますが、私は懐疑的です。日本のプロ野球は、北米のように、自治体が親会社のごとく、いろいろと補助してくれるわけではありません。野球界という横のグループでの協力・利益最大化はもちろん大事ですが、それぞれの球団は、親会社を中心とした企業グループの一員、つまり縦のグループの一員としての役割もあるからです。

私は、ＮＰＢの役割は、ヨーロッパサッカー型に近い形で、基本はマッチメーク。あとは、日本シリーズやオールスター、日本代表など、各球団では取り扱いが難しいビジネスに特化していけばいいと思います。

野球の将来を考えるうえで、独立リーグの話をしないわけにはいきません。四国で産声をあげて12年。いまや球団数も12に増えました。ＮＰＢには、独立リーグとの連携強化を推進してもらいたいですね。

プロ野球球団がない地域に、野球観戦の文化をつくり、興行のノウハウもある。私が提唱しているのは、アメリカのマイナーリーグとまったく同じ形です。つまり、各球団は、提携先の独立リーグ球団に、監督・コーチと選手を送り込み、その人件費を負担する。また用具など野球関連の費用も負担する。独立リーグ球団は、球場使用料なども含めた興行経費を負担して、リーグ戦を戦う。そうすると、大方の独立リーグが、採算を取れるようになります。NPB球団からしても、経費の削減になります。

これを三軍でやってはどうかと、私の在任中、ホークスは、実行委員会など、NPBの会議体で提案しました。いくつかの球団の反対で残念ながら実現しませんでしたが、いまでもそうすべきだと思っています。

ソフトバンクが三軍を創設したのは、私が担当役員だったときのことです。王会長のバックアップと、優秀な部下のおかげで実現しました。すでに報道されている通り、選手の育成に大きく寄与していますが、それも当然といえば当然のことなのです。MLBの球団は30球団すべて、最低でも五軍、さらにドミニカにアカデミーを保有しています。各球団の配下の選手は300人以上です。そうしている理由は、余裕があるから囲い込んでいるというわけでなく、野球は、必要な人員が多く、かつ選手の成長予測が難しいため、多くの選手を保有するのが経営上、もっとも効率的だからそうしているのです。ですから、できるのであれば、やったほうがいいに決まっているのです。

実際、日本においても、二軍は一軍の調整機能がかなりの部分を占めますから、計画的な育成をする場所としては十分ではないのです。外国人やドラフトでの〝当たり〟に賭けるのではなく、計画的な、つまり不確定要素をできる限り減じたチーム強化をするのであれば、アマチュア野球が盛んな日本であっても、最低でも三軍は必要なのです。

野球界には、まだまだ開拓できるところはあります。本気でやれば、3年くらいで状況は一気に変わるでしょう。

思えば、高校野球、大学野球で計7年、プロ野球選手として3年、球団フロントに10年。学者としての研究対象もやっぱり野球が中心で、さらに子どもの頃から野球をやっていたことを考えると、私の人生は、ほとんどが野球です。今後も、野球界の発展に、微力ながらお役に立てれば、これに勝る喜びはありません。

小林 至（こばやし・いたる）

1968年、東京都生まれ。江戸川大学教授。1992年、千葉ロッテマリーンズに入団。史上3人目の東大卒プロ野球選手となる。退団後に渡米。コロンビア大学で経営学修士号（MBA）を取得し、フロリダ州のテレビ局で通訳、翻訳、解説などに従事。2005年から2014年まで福岡ソフトバンクホークスの役員として、球団経営に携わる。

第2章

競技人口の減少が止まらない

少年野球、高校野球もあぶない

高知新聞が報じた「不都合な真実」

2015年6月、高知新聞の夕刊で、ひとつのコラムが連載を開始した。

「激減！ 県内少年野球」

(1)「廃部」「休部状態」次々　1000人割れ、目前

(2)「廃部」を選んだ理由　経験者の子が野球離れ

(3) 古豪「江陽」の苦戦　母親はサッカー支持

(4) 高知県東部　わずか4チーム　速い流れに打つ手なし

(5) サッカー少年　2000人　理念、組織がけた違い

(6) プレーヤーズ・ファースト　野球とまったく違う発想

(7) サッカー　したたか　園児にまで食い込む

(8) 勉強まで見るサッカー　野球は「人材」生かせず

（9）体質古い野球社会　足並みの乱れ、大丈夫？

（10－終）奇跡の復活「旭東」　たった1人、今20人

的確な見出しがついているので、これだけで内容がほぼ把握できる。

要約すると、このような内容だ。

高知県内の少年野球の競技人口は、2010年には1650人いたが、2015年には570人も減少して1080人になった。チーム数は91から68に。

その背景には野球経験者の子どもが野球をしないなど、子ども世代の「野球離れ」があった。

少年野球の監督はその理由として、

①野球は難しい

②野球は親の人気がない

③サッカーの魅力は圧倒的

の3つを挙げた。

特に過疎の進む地域では少年野球の衰退は激しい。

サッカーは裾野を広げる予算を持ち、明確な理念をもって子どもを勧誘している。そして「プレイヤーズ・ファースト」が徹底している。サッカー部の大学生は子どもの勉強まで見る。母親の人気は絶大だ。

劣勢に立った少年野球だが、一致団結する気配はない。分裂騒動さえ起こっている。なかには改革の機運もあるが、野球界が一丸になることが大前提だ。


高知県にはＪリーグのチームはない。

春夏合わせて甲子園の優勝５回、準優勝７回を誇る屈指の「野球県」だ。この高知県にして「野球離れ」が急速に進んでいる。

高知新聞のこのコラムは、その原因を丹念に分析しているが、通読した限りでは、そのなかに「高知県だけに起こりうる特殊な事情」はほとんどない。

私はこうした状況が、全国でも起こっているのではないかと直感した。それがこの本を書く動機となった。

危惧が現実になってしまった

このコラムを執筆したのは、高知新聞編集委員の掛水雅彦。高知市出身、記者歴34年のベテランだ。

掛水は、運動部に所属していたこともある。プロ野球の高知キャンプを取材したが、単なるチームのレポートではなく、大阪や東京から取材にやってくるスポーツ紙の記者の動きを逐一追いかけて、彼らの生態を活写した面白い記事を書いた。少し斜めの立ち位置から、物事の真相を見抜く力のあるジャーナリストだと言えよう。

「僕は運動部記者時代の1997年に、『勝利の代償』という記事を書きました。少年野球の監督が〝たたき、ののしる〟過激な指導をしていることを取り上げたのですが、反発もすごかった。で、去年、少年野球連盟の理事長さんとスーパーマーケットで15年ぶりくらいにばったり会ったんです。〝最近、どうですか？〟と聞いたら、〝子どもが減ってしまって困っているんだ〟ということでした。それはおかしい、ということで時間を割いて取材をはじめたんです。その理事長さんは、少年野球の改革に携わり、いろいろと努力をされていた。でも子どもたちは減っている。客観的な目で〝何が起こっているか教えてほしい〟と言いました」

掛水雅彦（高知新聞編集委員）

コラム中でも書いているが、掛水は中学校まで野球部であり、「野球の味方」だった。私も同年代だが、昭和の時代に少年だった世代で「サッカーの味方」は極めて少数だ。学校が終われば草野球。

夜は父親とともにナイターに夢中になり、朝は新聞のスポーツ欄でひいきのチームや選手の数字をチェックした世代だ。野球が日常生活に深く入り込んでいた。サッカーが入ってくる余地はまったくなかった。このコラムは野球が染みついた世代の「野球への危惧の念」から書かれたのだ。

小中学生の野球部員はやはり減っていた

日本のスポーツ競技連盟、協会、各都道府県の体育協会を統括する日本体育協会（日体協）の傘下で、地域の少年スポーツ団体である「スポーツ少年団」の競技別の団員数を見ると、２００９年の軟式野球の男子団員数は17万３９７８人、翌年に16万８５１２人と減少に転じ、２０１５年には11万８０４４人と２０１０年から30％も減少している。スポーツ少年団自体の人数も62万１５９９人から５０万６３５３人と18・４％も減少しているが、野球の減少率は全体を大きく上回っている。サッカーもこの間、14万７８８１人から12万７９０８人と減少しているが、減少率は13・５％、その結果、競技別で野球はサッカーに首位の座を奪われている。

中学校の体育会系のクラブ活動を統括する日本中学校体育連盟の競技別の団員数を見ると、軟式野球部の部員数は２００９年には30万７０５３人（16・７％）で全競技中１位だったが、２

010年に29万0015人（16・0％）と減少に転じ、2015年には20万2470人（11・4％）と30・3％も減少。サッカーはこの間、22万1407人（12・2％）から23万8007人（13・4％）となり、野球はここでも首位の座を奪われている。

地域の軟式少年野球倶楽部の団員数と、中学校の部活の部員数がリンクするのは当然の話だ。小学校時代地域の少年団で野球をした子どもが、中学になって軟式野球部に入るのは自然の流れだからだ。

少子化などによって、小中学生のスポーツ人口が減っているのは間違いない事実だ。しかし、野球の競技人口は、それをはるかに上回るペースで減少している。その結果、野球程には減少していない、あるいは微増しているサッカーが、競技人口で野球を逆転する現象が起きているのだ。

こうした傾向から考えれば、高校野球の選手数も減少していると考えるのが普通だが、日本高等学校野球連盟（高野連）の発表によれば、2009年の部員数は16万9449人、2010年は16万8488人、2015年は16万8898人と横ばい、あるいは微増している。

高野連、体協、中体連、高知県少年野球の部員、選手数。2006年の数字を1として、10年間の推移を見る。

高野連の数字はここ10年、ほとんど変化していないが、スポーツ少年団、中体連の軟式野球部員数は放物線を描くような勢いで急落下している。

■部員、選手数の推移（野球とサッカー）

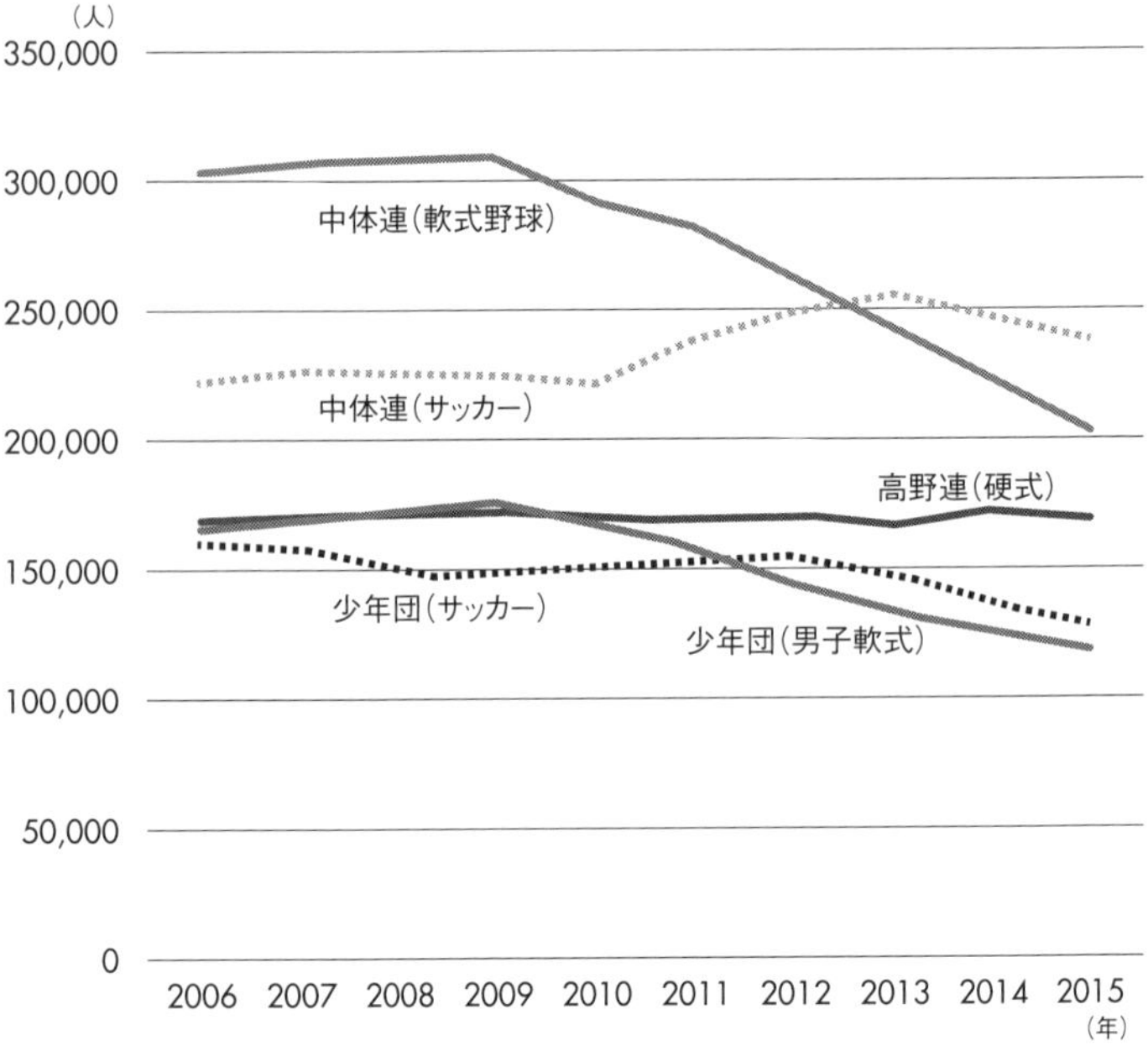

年	2006	2007	2008	2009	2010	2011	2012	2013	2014	2015
高野連（硬式）	166.314	168.501	169.298	169.449	168.488	166.925	168.144	167.068	170,312	168.898
中体連（軟式野球）	302,037	305,300	305,958	307,056	291,015	280,917	261,527	242,29	221,15	202,188
中体連（サッカー）	220.473	224.848	224,200	223,951	221,407	2370783	2480980	2530517	246,101	238,027
少年団（男子軟式）	164,798	170,548	172,008	1730978	1680512	156,242	1420719	131,786	1230583	118,064
少年団（サッカー）	159.913	156.556	149.989	146.690	147,881	151,971	152,741	147,228	135,669	127,908
高知県少年野球	1,680	1,639	1,627	1,656	1,650	1,503	4,412	1,348	1,185	1,080

高知県の少年野球人口の減少とほとんど同じである。やはり、高知県で起こっていたことは、全国で起こっていたのだ。

高知の数字を知ったときに、私はこの変化が少年野球＝小学生の野球人口の減少ではないかと思った。だから数年遅れで中学校野球部の選手数が減少し、さらに、高校、大学と波及していくのではないかと思った。

しかしそうではなくて、小学校、中学校の軟式野球人口は、ほぼ同じタイミングで激減に転じているのだ。これは予想外だった。

なお、高校の軟式野球部員数は高野連発表によれば、3学年合わせて1万人程、こちらは10年で1割ほど減っている。

高野連の数字の謎

では、高野連発表の選手数は、なぜ同じ下降線を描かないのだろう。

夏の甲子園の参加校数は2003年の4163校をピークに減り続け、2016年は3874校。このなかには人数不足などによる連合チームが61校に上る。しかし部員数は減っていないのだ。

高野連は体協などのスポーツ団体には加盟していない。中体連などとも連携せずに独自で数字を出している。集計や算出方法が異なっている可能性もある。

多くの都道府県高野連は部員数の数字を公表していないが、千葉県高野連は学校単位の詳細な部員数を公表している。

これによると2015年、千葉県高野連に登録している野球部員は7895人だが、このうち708人は女子部員である。なかには小見川高校野球部のように男子17人、女子11人という学校もある。女子硬式野球部は別の部だから、これは女子マネージャーの数だと思われる。

また、夏の甲子園の予選の前になると、部員数が足りない高校では、他の運動部から選手を借り出して登録することは普通に行われている。競技によっては、登録費用がかかる場合もあるが、高校野球は選手名を登録するだけである。こういう形で、少年団や中体連とは異質の数字が発表されている可能性はある。

また、小中学校で野球を教える団体には、軟式野球に加えて硬式野球もある。リトルリーグ、ボーイズリーグ、ヤングリーグ、ポニーベースボールリーグなどと呼ばれる組織である。

1955年頃に東京近郊で誕生したリトルリーグは4歳から小学6年生までの子どもを対象とし、2015年時点で891チームが加盟している（選手数は発表せず）。またその兄貴分として、中学生を対象とするリトルシニアは561チーム、約2・2万人が所属している。

ボーイズリーグは、1970年に大阪府で誕生。小中学生が対象。翌年、南海ホークスの大監督だった鶴岡一人が理事長に就任し、急速に加盟チームを増やした。2015年3月末現在、743チーム、2万4751人である。

ヤングリーグは1992年に兵庫県尼崎に誕生、現在は約200チームが加盟している。

ポニーベースボールリーグは1975年に創設、2014年にはジャパンリーグと合併、約80チームが加盟（ただしポニーベースボールリーグを運営する公益社団法人日本ポニーベースボール協会は虚偽報告などで行政庁から公益法人取り消し勧告を受けている）。

これらを合わせると、小中学校の硬式野球チームは約2400。選手数は6、7万人と推測される。

中体連の数字には含まれていないこれらの硬式野球出身の中学生が、高校の野球部に進むことで、高野連の野球部員の数字が上積みされていると思われる。しかし、中学3年から高校に進む選手の数は最大でも1万人程度だろう。それだけでは、高野連の数字だけが下がらない説明はできない。

2006年、中体連所属の軟式野球部員が、高野連の硬式野球部に入る比率は55%ほどだった。その後、中体連の軟式野球部員は激減したが、高野連はほとんど変わらなかったために2015年にはこの比率が84%弱にまで高まっている。

最近の高野連は各高校に野球部員の数を維持し、その継続率を高めるように指導をしている。しかしながらこの数字は、不自然ではないかと思われる。

小中学生の野球人口が減っていることから考えて、高校の野球人口も、実質的にはかなり減っているのではないか。

大きな流れとなっている野球離れ

もうひとつ、少年と野球の動向を示すデータを見ていこう。

笹川スポーツ財団は、2年に一度「10代のスポーツライフに関する調査」を発表している。このなかに「過去1年間によく行った」運動、スポーツ種目の年次推移という調査がある。

青少年（10〜19歳）と、子ども（4〜9歳）が過去1年間に「よく行った」運動、スポーツ種目を複数回答で調べたものだ。

運動、スポーツ種目のなかには、球技だけでなく、おにごっこ、筋力トレーニングなど、同列で比較できそうにないものも含まれている。

このデータからスポーツ種目全体の消長を判断するのは難しいと思われるが、サッカー、野球、バスケットボールなど球技に限定してその位置関係を見ることには、ある程度意味があると思われる。

青少年では、２００１年の段階でサッカーは野球を抜いて1位になっている。しかしその差

■青少年（10-19歳）が過去1年間に「よく行った」運動・スポーツ種目

順位	2001年 男子		2005年 男子		2009年 男子		2011年 男子		2013年 男子		2015年 男子	
1	サッカー	28.9 (%)	サッカー	35.0	サッカー	34.8	サッカー	40.9	サッカー	45.4	サッカー	44.0
2	野球	27.8	野球	27.1	野球	30.7	野球	27.6	野球	25.8	バスケットボール	27.3
3	バスケットボール	22.3	バスケットボール	16.6	バスケットボール	18.7	バスケットボール	24.3	バスケットボール	24.9	野球	23.0
4	筋力トレーニング	12.2	卓球	10.9	筋力トレーニング	12.2	ジョギング・ランニング	17.7	ジョギング・ランニング	20.5	ジョギング・ランニング	17.7
5	水泳	11.6	筋力トレーニング	9.7	ジョギング・ランニング	12.0	水泳	15.1	おにごっこ	19.1	ドッジボール	17.7
6	ジョギング・ランニング	10.9	水泳	9.3	キャッチボール	11.4	筋力トレーニング	14.8	水泳	18.4	おにごっこ	16.3
7	卓球	8.7	キャッチボール	8.2	水泳	11.2	卓球	11.7	ドッジボール	18.4	卓球	15.5
8	ボウリング	8.2	ドッジボール	8.0	卓球	10.7	ボウリング	10.7	筋力トレーニング	15.8	筋力トレーニング	15.4
9	バレーボール	5.8	ジョギング・ランニング	7.5	ドッジボール	8.5	ドッジボール	10.5	卓球	13.4	水泳	14.4
10	バドミントン	5.6	テニス（硬式）	7.1	バドミントン	7.4	キャッチボール	10.0	キャッチボール	12.2	バドミントン	12.6

■子ども（4-9歳）が過去1年間に「よく行った」運動・スポーツ種目

順位	2009年		2011年		2013年	
1	サッカー	43.1 (%)	サッカー	42.7	サッカー	48.5
2	水泳	30.0	おにごっこ	31.1	おにごっこ	48.4
3	おにごっこ	28.2	水泳	31.1	水泳	41.0
4	野球	24.0	自転車あそび	21.3	自転車あそび	33.9
5	ドッジボール	23.0	ドッジボール	20.5	ドッジボール	31.6
6	かけっこ	14.9	野球	13.8	ぶらんこ	23.4
7	キャッチボール	14.1	ぶらんこ	12.6	かけっこ	18.7
8	なわとび	10.2	かけっこ	11.8	かくれんぼ	16.9
9	かくれんぼ	9.7	かくれんぼ	7.5	なわとび	16.4
10	空手	6.4	鉄棒	7.5	鉄棒	13.6

※笹川スポーツ財団「スポーツライフ・データ」より

はわずか。運動・スポーツ種目のなかにあるキャッチボール（10位以内にはないが、数%はあると見込まれる）を野球に加えれば、恐らくサッカーを少し上回っていたはずだ。

野球は2009年には少し盛り返す。日本が優勝したWBC2009が影響したのかもしれない。

しかし、2011年には野球はキャッチボールの数字を加えてもサッカーに及ばなくなる。2013年にはさらにその差が開き、2015年にはキャッチボールを含めない単独の数字では、野球はバスケットボールにも抜かれて3位に転落する。これは今年になって発表され、スポーツ新聞などでひとしきり話題になったが、その深刻さに言及したメディアはなかった。

子ども世代では、さらに大きな差がついている。サッカーは圧倒的な首位、2013年には野球はランク外になってしまった。

次章以降で述べるが、サッカーは就学前の幼時から入ることができるクラブチームを各地に設けている。野球はリトルリーグが「4歳から」と謳ってはいるが、実際には8、9歳くらいから募集している団体が多い。それを意図したわけではないだろうが、サッカーは子どもを「青田刈り」していることになる。

このデータから読み取れるのは「野球離れ」は地域を超えて、全国的に世代レベルで進行していることだ。

2015年6月、NHK・Eテレの「ようこそ先輩」という番組に、元ヤクルトスワローズの名内野手・宮本慎也が出演した。宮本は母校の吹田市立藤白台小学校で、「ダブルプレーの魅力」を教えようとした。しかし後輩の小学生たちは、ダブルプレーはおろか、野球のルールそのものをほとんど知らなかった。番組としては、うまくまとめていたが、小学生の「野球離れ」が、映像を通して浮き彫りになった。

2010年に何が起こったのか？

ここまで見てきたように、「野球離れ」は大きな流れとしてここ十数年、進行してきたようだ。しかし「野球離れ」が目に見える形で進行したのは、2010年が契機だ。高野連の数字を除く、多くのデータは、2010年を境に野球人口が急減していることを示している。青少年のスポーツライフデータも、2011年の調査から、サッカーと野球の数字が大きく開きはじめている。

2010年に何があったのか？　私は自分のブログサイトで、このことについて読者諸氏にも聞いた。いろいろな意見をいただいた。いくつか挙げてみよう。

1、リーマンショックの影響

2008年、アメリカに端を発した世界的な金融危機は日本にも深刻な影響を与えた。円高ドル安が進行し、消費は落ち込んだ。このために、サッカーや他のスポーツに比べて金がかかる野球（詳細は後述）をさせる家庭が減った。

2、地上波でのプロ野球中継の激減

プロ野球中継はここ10年で激減している。巨人戦の地上波全国中継は、2001年には年間140本あった。ほぼ全試合を中継していたが、2007年に74本と半減、2010年には27本にまで減っている。視聴率が取れないからだ（2015年はさらに減って15本）。その分、BSやCSでの中継は飛躍的に増えているが、子ども世代のテレビ視聴は、圧倒的に地上波であり、これが激減したことで「テレビで野球を観る」機会がほぼなくなった。確かにこれは大きいのではないかと思われる。

3、野球がオリンピック種目から外れた

野球は1988年のソウル五輪で公開競技となり、1992年バルセロナ五輪から正式種目となった。以後、1996年アトランタ、2000年シドニー、2004年アテネ、2008年北京と5大会連続で行われ、日本は銀1個、銅2個を獲得した。五輪での野球日本代表の活躍に日本のファンは沸いたが、2009年8月のIOC総会で、2012年ロンドン五輪以降、ソフトボールとともに競技種目から外れることが決まった。21世紀に入って、日本のアスリートが海外で続々と活躍しはじめた。「好きなスポーツ選手」の上位に、世界的なアスリートの名前が並ぶなか、野球の五輪落選が大きなマイナス要因になった可能性はあろう。

4、SNSの普及

さらに2010年が「SNS元年」であると指摘する声もあった。この時期から若者のコミュニケーションの方法が、ツイッターやLINE、インスタグラムなどのSNSに代わり、既存の娯楽やホビーから急速に遠ざかった。若者の意識の変化も大きいのではないかという意見だ。

しかしどれも決定的な要因とは言えない。そうしたマイナス要因が重なって、相乗的な作用をしたのかもしれない。

今のところ野球は「2010年ショック」から立ち直る兆しは見えない。

野球エリートは減っていない

これまで、野球人口の減少を示す数字ばかり取り上げてきたが、まったく異なる事実もある。高知県にある私立明徳義塾高校と言えば、全国屈指の強豪校である。この野球部を率いる馬淵史郎監督は、明徳義塾を志望する中学生の数は、まったく減っていないと語る。

「ご存じのように、うちは全寮制で、全国から志望者がやってきます。高知県の子どもは少ないです。志望者数は減っていませんし、野球少年の人口が減ったという実感はありませんね。野球部員は百数十人を超す大所帯です。入部しても試合に出られないかもしれない。そのことを、本人にも、ご両親にもはっきり説明するのですが、それでも入りたいという子どもが来る。断るのに苦労をしている状態です」

明徳義塾は平成以後、甲子園では全国最多勝を誇る。高知県の夏の甲子園予選参加校数は、2011年には全国で2番目に少ない33校だったが、2015年には連合チームを含む31校になった。かろうじて参加校数を維持している。明徳義塾は、2010年以来夏の甲子園は7年連続で出場、選抜にも3回選ばれている。極めて高い確率で甲子園に出場することができるのだ。

全国のエリート高校球児が、明徳義塾を志望するのは、〝甲子園出場がほぼ当確〟であることが大きい。

明徳義塾は中高一貫校。高知県須崎市の山間部に広大なキャンパスを持ち、寮も完備。夜間照明設備のある専用球場などの設備も充実。野球だけでなく、ゴルフや相撲でもトップクラスの人材を輩出しているが、野球をするには理想的な環境だ。またプロ野球選手も多数輩出してきた。

こうした寮施設を完備し、恵まれた環境にある私立高校への志望者は減っていない。学校側も高校野球を「広告塔」にする意向があるので、積極的に生徒を募集している。

こういう高校に生徒を送り込むのは、リトルシニアやボーイズ・リーグなどの中学生の硬式野球クラブだ。実績のある強豪クラブの選手数も増加しているという。

ごく普通の野球少年、野球ファンの子どもは明らかに減少しているが、その一方でプロ野球を目指すような「野球エリート」は減少していない。

馬淵史郎(明徳義塾高校・硬式野球部監督)

青少年、子どもの「野球離れ」が進行するとともに「二極化」も進んでいるのだ。このことが、現状把握を難しくしている。

現実から目をそらす野球界、大メディア

ＮＰＢ（日本プロ野球機構）や、学生野球連盟、高野連などの団体が、「野球離れ」にそれほど危機感を抱いているように見えないのは、野球エリート市場が、依然、活況を呈していることが大きいのではないか。

高野連は２０１６年春の選抜から、甲子園球場のバックネット裏の席を、「ドリームシート」として、野球少年たちに開放した。この席を占拠していた「ラガーさん」などの「８号門クラブ」を排除するためだったが、高野連は「少子化によって野球の競技人口が減っていることに配慮して」と説明した。

これまで紹介してきたように、野球人口の急速な減少は、少子化だけでは説明できない。他競技よりもはるかに急な下降線を描いている主たる要因は、他にあると考えるべきだが、野球関係者は、甲子園やプロ野球の活況、そしてエリート層による「野球熱」などで、本質が見えなくなっているのだ。

実は、高知新聞の「激減！　県内少年野球チーム」の連載の後、９月に共同通信社が「野球の裾野　揺らぐ足元」という連載記事を書いている。

①人気低迷が鮮明に

②保護者の負担も足かせ
③問われる指導者の資質
④後絶たぬ選手酷使
⑤遊びの野球、過去のもの
⑦マフィア指導脱却へ
⑧サッカー、水泳広く浸透
⑨園児対象にイベント
⑩球界一丸の取り組み必須

各回の見出しはこのようになっている。ここからもわかるように、高知県と同じ「野球離れ」が全国で進展していることを伝えている。

このコラムは、共同通信と契約している新聞社に配信された。

しかし朝日新聞、讀賣新聞、毎日新聞などの全国紙に掲載されることはなかった。

野球の衰退に関する問題の、もうひとつの深刻な側面は「大新聞社がこのことをしっかり伝えない」ことだ。朝日、毎日両新聞社は甲子園の高校野球を主宰している。讀賣新聞社は巨人軍の親会社であり、プロ野球界に大きな影響力がある。

これらの新聞社は長年野球を新聞販売のために利用してきた。それによって野球は全国に普及したのだが、それだけに子どもの「野球離れ」には、重大な関心を持ってしかるべきだ。にもかかわらず本腰を入れて報道することを避けている。

「野球離れ」が、少子化など外因的な原因で進行しているのであれば、全国紙は臆することなくそれを報じただろう。しかし、今の「野球離れ」は、主として野球という競技が内在する体質や組織の体制など、内因的な要因によって進行している。

大新聞社は、今の野球界の体質を形成するにあたって、少なからぬ影響を及ぼしている。いわば「野球離れ」を引き起こした責任の一端を担っている。また、大新聞社は野球界の問題ある体質を早くから承知しながら、翼賛的な報道に終始し、負の部分を本腰を入れて報道してこなかった。今、「野球離れ」を報道すると、これまで看過していたこと、不作為であったことを非難される恐れがある。そのために、及び腰になっているという側面があると思われる。

私は何度か大新聞社の記者の取材を受けたことがあるが、甲子園の批判をしたとたんに口をつぐむ記者が多かった。

野球界の不幸は、社会の木鐸《ぼくたく》と言われる存在が後ろ盾にいるのに、あるいは後ろ盾にいるために、危機的状況になっても、どこからも警鐘が鳴らされないことにある。これも深刻なことだ。

出演者志望はいてもお客はいない

小さい頃から硬式野球に打ち込む野球エリート層は将来、野球選手になって大舞台に立つことを目指している。いわば「出演者」志望者だ。

少年団や中体連などで軟式野球をする普通の野球少年の多くは、将来、野球ファンになっていく。「お客」予備軍である。

今の子ども、青少年世代では「出演者」志望者はひきもきらないが、「お客」はどんどん減っている。「出演者」はいても「お客」がいなければ、早晩、興行は成り立たなくなる。

今、野球界に迫る危機は、こういう構造であることを認識すべきだろう。

近い将来、野球にまったく親近感がない世代が青年、大人になって、文化や消費行動の担い手になる時代が確実に来る。そのときに、野球界は確実に衰退する。

この大きな流れは、数年レベルでは変えることはできない。野球教室をやるなどの小手先の普及活動ではなく、明確な方針を持った、10年、20年をかけた取り組みがなされなければ、野球のステイタスは下がり続けていくだろう。

子どもたちに「明日も明後日も野球がやりたい」と思わせるような指導を！

◉インタビュー

池井 優（いけい・まさる）
慶應義塾大学名誉教授

池井優は、日本外交史が専門の政治学者だが、野球ファンには「大リーグの水先案内人」として知られている。また、西武ライオンズの「裏金問題」に関する委員会・委員長などを務めるなど、野球界の「お目付役」として重きをなしている。その言葉は優しく、表情も柔和だが、子どもたちに野球の面白さを伝えたいと語るまなざしは熱い。

野球は子どもには難しすぎる

――今、子どもたちの「野球離れ」が深刻なレベルに至っています。

野球の最大の欠点は、「子どもには難しすぎる」ということでしょう。下手な子はキャッチボールもできない、バットにボールもかすらない。サッカーはどんな下手な子でもボールを蹴ることくらいはできます。最初の敷居が高いのが問題ですね。

それから、いい指導者がいない。今の日本では、野球、野球でやってきた連中が教えるか、近所の野球好きの酒屋のおじさんが教えるか。その人たちが、技術じゃなくて根性、根性で、グランドを10周させたりしている。それで野球が嫌いになる子どもも多いんじゃないでしょうか。

米の少年野球キャンプ体験で目から鱗が落ちた

――アメリカとは、野球文化がまったく違うのですね。

私は40歳を過ぎてから、アメリカのテッド・ウィリアムス・キャンプ・フォー・ボーイズに体験入学しました。こんなに面白いことはなかったですね。

この学校は8歳から18歳までの子どもに野球を教えます。1〜4週間コース。監督やコーチはみんなライセンスを持っています。8歳の子を教えるコーチはリトルリーグのライセンス、ハイスクール、カレッジ、みんな専門のライセンスがある。そういう指導者がスクールと契約をしてキャンプに来ているわけです。

日本だと、指導者が子どもに、夜、寝冷えをしないように毛布を掛けたなんて話が美談になりますが、こちらではコーチは野球を教えるだけ。その他の面倒は、「ユース」という高校生にやらせる。ユースたちはバイト兼ただで野球を教わることができるんです。

「練習が終わったら、シャワーを浴びて、6時から夕食だよ」とか「8時消灯だよ」「お小遣いは1日5ドルだよ」なんて、お兄さんが言って回るわけです。売店のおばちゃんもいますが、キャンデーを買った子に「こういうときはサンキューと言うのよ」と教育したりしている。そういう雰囲気なんです。

指導者に「お前何やりたい？」と聞かれたので、「子どもと一緒に野球を教わりたい」と言ったら、「一緒にやれ」と言う。8歳のクラスじゃ小さすぎるし、18歳じゃ心もとない。14歳くらいがちょうどいいかな、ということになりました。1チームは14人ずつ。これにコーチが1人つく。

「今日から私、ジム・トレーバーが君たちを2週間教える。君たちの親からはみんな同じ額のお金をもらっている。だから平等にチャンスを与える。チャンスを活かすか活かさないかはお前たち次第だぞ」とコーチが言いました。

そして、ひとりひとりに「君は何がやりたい？」と聞いていきます。

「ピッチャー」

「じゃ、投げてみろ」

16球続けてボール。

「お前、ピッチャー向かないな」

はじめからダメだと言わない。ここへ来る子どもたちは野球が下手なんです。でも経済的にゆとりがある家の子だから、ここへ来ればうまくなるかもしれないというのでやってきているのです。だから、コーチも無理やり型にはめたりはしない。

アメリカには軟球はありません。子どもでも硬球だから怖い。キャッチボールをしてもうまくできない。体から離れたところでこわごわボールを捕ります。コーチは「カモン！ボーイズ」と子どもたちを集める。そして腕時計を外して「もってろ」とひとりの子に投げる。子どもは両手で受ける。

「な、大事なものは両手で受けるだろ。ボールも両手で捕れよ」

「でも、ボールは痛いもん」

「じゃ痛くないボールでやろう」

新聞紙を丸めてテープで固めてボールを作ってキャッチボールをする。

「痛くないな？　じゃ、テニスボールで」

「痛くないな？　今度は硬球に」

そうすると15分くらいで、さっきまで硬球をこわがっていた子どももがキャッチボールができるようになる。

次はゴロ。みんなが怖がって顔が上がりボールが捕れない。するとコーチは「みんな、ならべ」と言う。

日本だったら、「お前たち、ボールが怖くて野球ができるか」とコーチが怒鳴って、選手たちは半べそをかいて捕らされるところです。でも、向こうのコーチは「お前ら、ボール怖いんだろ。だったら絶対に捕るなよ。ボールが来たら逃げろよ」と言う。

子どもたちはきゃーきゃー言いながら逃げま

わります。

「よく逃げた。でもこのボールはお前たちに逃げてもらいたいのかな？　捕ってもらいたいんじゃないかな？　そうだ、捕ってもらいたがっているんだよ。だったら捕ってみよう」

そこで緩いゴロを打つ。

「よく捕った！　ボールは捕ってもらえてうれしいんだ。お前たちに投げてもらえればもっとうれしいんだよ」

決して叱らない。ほめるときはすぐにほめる

――日本の指導者とはえらい違いですね。

で、そんなレベルなのに、いきなり初日から試合をするんです。エラーしても「もう半歩出れば捕れたぞ。よくトライした」と言って、決して叱らない。ほめる。だから、「よーし、次、来たら捕ってやるぞ」ということになる。日本のように、エラーをしたら「何やってるんだ！」と怒鳴ったら、子どもたちは「僕のところにボール来ないでくれ」と思うようになるでしょう。ほめるから子どもたちが積極的になる。

でも叱るときは叱ります。3～4日やっているうちにピッチャー、キャッチャー、ファーストの間にボールが落ちた。いわゆる「お見合い」。コーチが鬼のような形相で「カモン！ボーイズ」と子どもたちを集める。

「今、ボールを捕らなきゃいけなかったのは誰だ、投手は投げたばかりで体勢が崩れている、キャッチャーはマスクを取らなきゃいけない、ファーストだろ、〝アイゲット〟と大きな声で言わなければだめだ」

みんなしゅんとすると、「よし、今日の試合勝とうな、勝ったらアイスクリームおごってやる」

またこういうときは勝つんですね。私がコーチだったら、シャワー浴びて、Tシャツに着替えて、それからアイスクリームという段取りですが、そうじゃなくて「車、乗れ！」とトラックの荷台に子どもたちを乗せて、アイスクリームを食べに行く。「お前、ミントか。お前はチョコレートか」と汗で汚れたユニフォームの子どもたちにアイスクリームを渡してやる。「なるほど、叱るときはしかる、ほめるときはすぐほめるんだな」と思いました。

キャンプが終わって、10人のコーチたちに握手をして「子どもたちに野球を教える秘訣はなんだ？」と聞いたら、コーチは口をそろえて言いました。「こんなに楽しいベースボールを、明日もやりたい、明後日も、5年後も10年後もやりたいという気にさせることだ」。まさに「目から鱗が落ちる思い」でした。

「野球を楽しいと思ったことは一度もありません」という高校球児

――アメリカの野球少年は、本当に幸せですね。

日本の野球は、甲子園に行く、あるいは県大会で勝つような高校野球部の部員に聞くと、監督に怒鳴られたり、先輩に殴られたりしながら、毎日野球をしている。

「1回や2回やめたいと思ったろ？」と聞いたら、「僕は600回くらいやめたいと思った」と言いました。「今日やめようか、明日やめようかと思いながら、ここでがまんすれば、ここで頑張れば甲子園に行けると思うからやった。野球を楽しいと思ったことは一度もありません」と言うんです。この部分から改めないと、ダメなんじゃないでしょうか。

いいかげんにやるということじゃなくて、いかに野球が楽しいか、面白いかを教えていくということが大切ですね。

三角ベースボールの復権を!

――子どもたちの「野球離れ」を食い止めるには、どうすればいいと考えますか?

私は世田谷の深沢クラブという軟式野球チームの監督を50年やっていますが、軟式野球のチームが激減しているのを痛感します。とくに小学生の「野球離れ」が深刻です。子どもたちに野球を再び根づかせるのは、大変なことだと思います。

慶應義塾大学野球部OBの友成晋也君は、「アフリカ野球友の会」代表として、アフリカ、ガーナで野球を普及しようとしました。最初は先輩から古いボール、バット、グラブなどをもらって、子どもたちに野球をやらせようとしたが、なかなかうまくいかなかった。

そこで、発想を変えた。昔、我々は三角ベースというのをやったじゃないか、これを普及させようということで、ナガセケンコーボールに頼んで、三角ベース用のボールを作りました。ソフトテニスのボールくらいの軟らかさのボールと、少し硬いボール。軟らかいボールは、手でひっぱたく、少し硬いほうは木の棒でひっぱたく。三角ベースは、決められたグランドでやるわけではなく、いろいろな場所でやるから、ボールが飛びすぎると困るときもあるのです。状況によってボールも変え、打つ道具も変えるわけです。空気入れを使って、空気を入れるだけでなく、飛びすぎるときは、空気を抜いて飛距離を短くしたりもします。

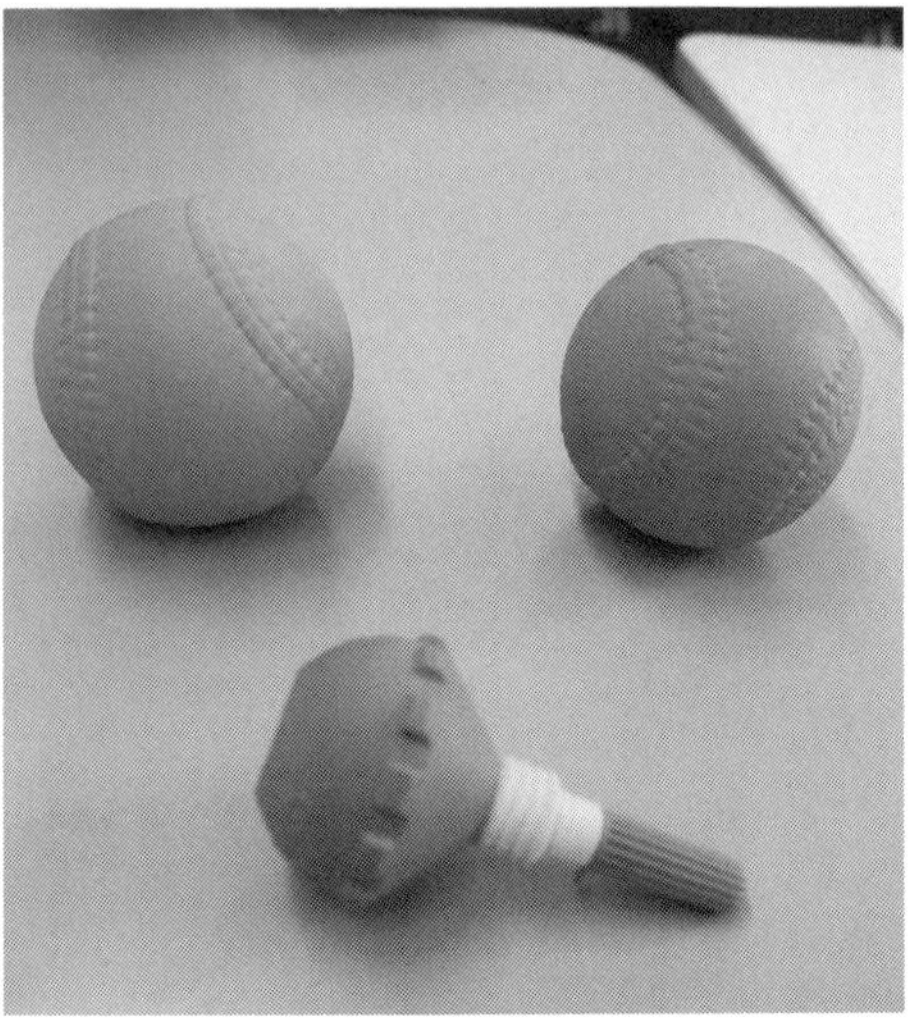

三角ベース用のボールと空気入れ

日本では、作家の椎名誠さんが、奄美大島の海岸で「浮き球ベースボール」を考案しました。これも、1チーム5人でやる三角ベースです。今では「全日本浮き球三角ベースボール連盟（通称ウ・リーグ）」を作って、全国的に試合が行われていますが、友成君はこれとは別に、アフリカで普及させた三角ベースボールを日本でも普及させて、三角ベースボールによる国際交流をしようと考えました。

　そこで、元同僚がいた習志野市にもちかけて「三角ベース習志野復活プロジェクト」を立ち上げ、本格的な普及をすることにしました。そのコンセプトとして、

- 子どもたちを公園に戻そう
- 世代を超えた交流をしよう
- 野球の底辺拡大をしよう

●国際交流をしよう

を掲げています。これは、今後の野球の底辺拡大を考えるうえでも、重要なコンセプトではないかと思います。

――最近では、小学校でも「ティーボール」などベースボール型のスポーツを授業でやるようになりました。

それはいいことですが、そのときには、「野球は楽しいんだよ」と知らせる手段を考えないといけないと思います。これまでの「根性、根性」は最大のネックです。

アメリカ人は「アメリカではプレイ・ベースボールだが、日本はワーク・ベースボールじゃないか」と言います。ピート・ローズがなぜ最多安打の記録を更新できたか聞くと、「ヒットを打つのが楽しくて楽しくて仕方がなかったんだ。そのうえ金までもらえるだろ？ 打てない投手から打てるようになったら、楽しいだろ？」と言いました。この精神を取り戻さないと、野球の裾野拡大は難しいでしょう。

テッド・ウィリアムス・キャンプ・フォー・ボーイズのコーチが言ったように、「こんなに楽しい野球を、明日もやりたい、明後日も、5年後も10年後もやりたい」と子どもたちが思うような普及、指導をすることがいちばん大切なのではないでしょうか。

池井 優（いけい・まさる）
1935年東京都生まれ。外交史学者。慶應義塾大学卒業、同大学院博士課程修了。慶應義塾大学法学部教授を経て、現在は同大学名誉教授。日本スポーツ学会代表理事。

第3章

なぜ野球は嫌われるのか?

「野球離れ」の要因

少子化が理由ではない

前章で紹介したように、若年世代の「野球離れ」は確実に進行している。エリート層の野球競技人口は減っていないが、一般の野球少年は減少している。

その要因のひとつに「少子化」があるのは間違いない。日本の子ども人口は34年連続で減少している。

しかし2010年の子ども（0～14歳）人口は1684万人、2015年は1617万人、減少率は9・6％に過ぎない。この間に、小学校、中学校の野球競技人口は30％も減少しているのだ。少子化だけでは、急激な「野球離れ」は説明できない。

この章では「野球離れ」の主たる要因をひとつひとつ検証していく。

【要因①　親の負担】

重装備が進む少年野球

「少年野球には金がかかる」

これは、多くの親が口にする言葉だ、単純に考えても、野球は使用する用具の数が多い。グローブ、ミット、スパイク、バットなどは、選手の個人負担となる。ユニフォームは試合用と練習用の最低2つ。アンダーシャツやストッキングも必要だ。また、これらを収納するバッグやバットケースなども必要だ。グローブ、ミット、バットは消耗品であり、補充が必要になる。また、それ以外にもトレーニングウエアや、セーフティカップ、バッティンググローブなど、こまごました道具が必要だ。一般的には、軟式野球より硬式野球の道具のほうが高価だ。

ヘルメットや捕手のマスク、プロテクター、レガースなどの防具はチームの備品になっている場合が多いが、これらの用具やピッチングマシンなどの練習道具も含め、部費という形で応分の負担を求められる。

学校の場合、クラブ活動には予算が割り振られる。バレーボールやサッカーなど他のスポーツは、授業に組み入れられているため、体育科の予算で用具や設備を購入することができるが、野球は授業にはないので部の単独予算で購入しなければならない。足りなければ父母が負担することになる。

近年、安全性の面から試合で使用する野球用具は厳格に規定される傾向にある。

私が少年のころ、中学の軟式野球部の捕手は、マスクをつけているだけで、プロテクターなどの防具はつけなかったが、今では軟式でも捕手はヘルメット、プロテクター、レガースをつける必要がある。

また、打席に立った捕手が防具をつけている間、投手の球を受ける控え捕手も、同様に防具をつけなければならない。一塁、三塁のコーチもファウルボールが当たる危険があるので、ヘルメットが必要になる。

ここでも軟式野球よりも硬式野球のほうが規定が厳格で、用具数も多くなる。

例えば、ボーイズリーグには、このような規定がある。

▽小学生の部は、攻撃側チームの監督、コーチに限りコーチスボックス内でベースコーチを務めてもよい。この場合、必ず両耳付きヘルメットを着用すること。
▽各チームは同色のヘルメット7個以上、捕手の規定防具［マスク、捕手用ヘルメット、プロテクター、レガース、スロートガード、ファールカップ（一体型捕手マスクの場合はヘルメット、スロートガードを除く）］2組を備えること。
▽ユニフォーム、バット、ボール、スパイク、グラブ等は連盟指定業者のものに限る。

▽捕手は必ずヘルメットならびに規定防具を試合、練習を問わず着用すること。

これらは全部、親の経済負担として直接、間接に加算されていく。

ネット通販などでは安価な野球用具も流通しているが、「連盟指定業者に限る」という制約によって、わざわざ高い用具を購入しなければならないことも多い。

なかには指定業者と少年野球指導者が同一であったり、提携を結んだりするケースもあり、利権化しているものもある。

さらに遠征費用も馬鹿にならない。小学生は日帰りが中心だが、中学ともなると強豪チームは、泊まりがけで遠征をする。その交通費（宿泊費）、さらには付き添いの親の交通費もかかる。

子どもに野球をさせるには、どれくらいの経済負担が必要になるのか。

昨年、出版された『野球太郎［育児］』（廣済堂出版）には、小学校から、全寮制の私立高校に子どもを進学させるケースまでの費用の概算が載っている。このうち、小学校、中学の部分と、サッカーや他の競技をさせる場合の費用の比較を行ったのが、次頁の表だ。

まさにピンからキリまである。一般的に、野球はサッカーよりも金がかかると言われるが、一概には言えないことがわかる。どの競技にせよ、プロを目指すのであれば、金がかかるのが昨今のご時世なのだ。

ただ、野球の場合、少年野球チームに入りながら別個にバッティングセンターに通ったり、

■野球とその他球技の経済負担比較

		少年野球			中学野球	
		最小	平均額	最高	軟式	硬式
年　額(円)		50,000	159,000	547,000	150,000	458,000
内訳	部費	15,000	36,000	24,000	25,000	144,000
	道具代	15,000	40,000	70,000	30,000	134,000
	交通費	0	30,000	57,000	90,000	100,000
	整体等	0	3,000	10,000	5,000	80,000
	バッティングセンター、野球塾	10,000	50,000	270,000	0	0
	プロテイン・サプリメント	0	0	10,000	0	0
	その他	10,000	0	106,000	0	0

		小学校サッカー		中学部活サッカー	ミニバスケット
		最小	最高		
年　額(円)		110,000	450,000	60,000	80,000
内訳	会費・部費	30,000	150,000	20,000	20,000
	道具代	30,000	100,000	20,000	30,000
	合宿費		100,000		
	交通費	50,000	100,000	20,000	30,000

(『野球太郎[育児]』より)

個別指導の野球塾に通ったりするケースがしばしばある。「野球を教えてもらう」チームに入っているのに、なぜそういうことをするのか？　ボーイズやリトルリーグなどは、勝利至上主義のチームが多いため、子どもたちは絶えずふるいにかけられ、補欠やBチームに回される。競争が激しいために、子どもは個別にスキルアップをする必要があるのだ。

『野球太郎「育児」』には、高校野球にかかる費用も紹介されている。学費や寮費なども含まれているため、小学校、中学校と単純比較はできないが、学費も含めて公立高校で年額71万円、私立で131万円、私立全寮制なら168万円となっている。

かつては親一人子一人の母子家庭の子どもが野球で活躍して、母親に家を買ってやるような孝行譚がたくさんあったが、子どもを私立大学にやる以上の費用がかかるのでは、貧乏な家庭では、とても手が出ないことになる。

もっとも、そういう子どものために高校野球は私学の「特待生」制度を認可しているのだが。

休日ごとの「お茶当番」

経済負担に加えて、野球の場合、親が休みのたびに野球部の手伝いをさせられることが多い。これはサッカーにはあまり見られないことであり、野球に独特の制度だと言えよう。

リトルリーグ、ボーイズリーグなどは、土日が練習、試合日になっている。親は順番に当番を決め、グラウンドに顔を出し、ドリンクや菓子の世話などをしながら、我が子に声援を送る。

これを「お茶当番」という。

前出の『野球太郎［育児］』の編集者・菊地高弘は語る。

「お茶当番が苦痛になっている親も多いと思いますよ。確かに、そこでコミュニケーションをとるのは大事なことですが、古株の親には気を遣うし、それが嫌だという人も多いようです」

さらには、遠征には、親が車を出すことも多い。

私は四国地方によく出かけるが、地方のビジネスホテルで、少年野球の一団と一緒になることがしばしばある。朝、母親がユニフォーム姿の子どもたちをかいがいしく世話している。また、監督と思しきユニフォーム姿の男性に、飲み物や食べ物を渡すのもよく見かける。

こうしたことが苦にならない親もいるだろう。生きがいに感じる場合もあろう。しかし、子どもの野球に、なぜ親がそこまで手をかける必要があるのか、釈然としない親もいる。週末の家族の団欒をすべて犠牲にして子どもの野球を応援しなければならないのは、大きな負担だ。

親が手間暇かけて当たり前

この本を書くにあたって、2人のボーイズリーグの指導者に話を聞いたが、異口同音に言ったのは、「少年野球は、親御さんの理解が必要だ」ということだ。

「土日は、お茶当番に当たっていなくても、必ずグラウンドに来て、我が子の成長を見守ってほしい」

「遠征などでも、自分から率先して協力してくれないと、強いチームは作れない」

「でも共働きの家などは、難しいんじゃないですか?」と聞くと、

「無理をしてでも協力してもらわないと、子どもは伸びない」

「無理なら、やめたらどうですか」

とのことだった。

これは野球界に共通してみられることだが、「嫌ならやめたらいい」という指導者は実に多い。

多くの野球人は、いまだに「売り手市場」だと思っているのだ。

采配、起用に口出しする親

「子どもの野球に親が出る」ことが常態化するなかで、選手の起用や進路などに口を出す親も出てくる。親と指導者、親同士のトラブルも起こっている。

「金も手間もかけているのだから、これくらい要求しても当然だ」と思う親が多いのだ。

こうした傾向は、高校でも見られるが、多くは小中学校のクラブチームである。

私学のトップ校のなかには、親の干渉を嫌って、厳格なルールを設けているケースもある。

前出の明徳義塾高校監督・馬淵史郎は、こう言う。

「うちは、遠征費用は一切学校もちです。部費から出します。遠征には応援は不要です。私は〝親は観に来るな〟とまで言っています。親のなかには〝うちの子をなぜ使わない〟などという人がいます。そういうのを断ち切るために、うちはお預かりしたら、学校、私が一切の責任を持って指導します」

親の負担の問題は、ここまで体制が整っていない高校、そして小中学生に多く見られるのだ。

格差の広がり

結果的に金、手間ひまをかける野球部と、それができない野球部の格差も広がっている。

高校野球の審判歴30年の高沢尚は、

「最近は、一般の公立高校と、私立の強豪高校の実力格差が広がっていると感じますね。審判をしていても、体格やスピード感があまりにも違いすぎるので、怪我をしないかひやひやします。体格差を見るだけで、試合をする前から結果がわかっている場合も多いですね」

と語る。

少子化によって公立高校のなかには定員割れする学校が出てきている。そういう学校の部活の予算は大きく削減されている。

私は各地の高校の部活を取材する仕事を続けているが、いわゆる公立の「底辺校」に行くと、愕然とすることが多い。

こういう高校の子どもは、体格からして違ってきている。不健康に太った子や、小学生並みの身長の子が散見される。こうした学校の部活は、「まず子どもを学校に来させること」が目的になっている場合も多い。ユニフォームがそろっていなかったり、施設が整備されていなかったりすることも多い。

また放課後、アルバイトをしている子どもが多いので、メンバーがそろわないこともしばしばだ。野球の場合、連合チームを組むことも多い。指導者の目標も「とにかく予選に出場させることですね」とささやかだ。

かつて野球は「ハングリー精神」の象徴だった。貧乏な家の子が大金をつかむという〝ジャパニーズドリーム〟の典型のひとつだった。

しかし、今の野球は「金がなければ」「親がしっかりしていなければ」できなくなっている。経済的要因は、間違いなく「野球離れ」の重要なファクターである。

【要因②　暴力、パワハラ】

「マフィアが野球を教えている」

共同通信のコラム、「野球の裾野　揺らぐ足元」には、ショッキングなコメントが載っている。神奈川県の中学野球の指導者が、米国の大学野球を視察した際に、現地のコーチからこう言われたという。

「日本ではマフィアが野球を教えているんだろ」

日本のスポーツ界では伝統的に鉄拳制裁を含む厳しい指導が行われてきた。そうした指導は、外国人には異様な風景に映っていたのだ。

もう20年も前だが、私には忘れられない光景がある。大阪・大和川の河川敷で、30代と思しき父親が、小学校高学年くらいのふたりの息子に野球を教えていた。ノックバットでフライを捕球させていたのだ。もちろん硬球である。

失敗をすると父親は大声で罵声を浴びせ、子どもを呼び寄せると後ろを向かせて廻し蹴りを食らわせた。子どもは吹っ飛んだ。それを見ていた弟は、委縮して声が出なくなった。

「声を出さんか！」父親は怒鳴った。

まさに「巨人の星」の星一徹を地で行くようなスパルタだった。私は何とも嫌なものを見たと思った。

野球だけではなく、昭和のスポーツ指導は、「罵声と暴力」がつきものだった。

サッカー、ラグビー、バレーボール、バスケットボール、柔道、陸上、水泳。野球だけでなく、多くのスポーツの指導者は、「昔は殴られ、蹴られ、怒鳴られながら鍛えられた」と語る。指導とはそういうものであり、そうした指導を受けたから「どんな試練にも耐えることができるようになった」と言う。

そういう意味では、野球だけが異常だったわけではない。少し前まで、日本のスポーツとは、指導者が選手を牛や馬のように殴ったり蹴ったりして仕込むものだったのだ。

今の指導者はこれまた異口同音に「昔と同じようにはいかない。今の子どもは、話して聞かせないとわからない」と言う。その口ぶりは「今の指導法がよいとは思わないが、ご時世だから仕方なくやっている」という意識がにじみ出ている。

その点でも、野球だけが飛びぬけて旧弊だとは思わない。では、なぜ野球だけが、その品の悪さが喧伝されるのか。海外から「マフィア」とまで言われるのか。

それは野球が「日本で、もっとも成功したスポーツ」だからだろう。もっとも多くの観客を集め、多くの競技人口を持ち、経済的にも飛びぬけて成功した。成功の報酬、果実が大きいだけに「スパルタ体質」も飛びぬけていた。

21世紀に入って人々の価値観や社会規範が変化し、コンプライアンス意識が浸透するなかで、野球は「成功体験」があまりにも大きすぎたために、変化できないでいるのだ。

清原和博は子煩悩《こぼんのう》で知られる。少年野球をする我が子の応援にもたびたび出かけたというが、彼は、ベンチの上から相手チームの子どもたちに聞くに堪えない野次を浴びせかけたという。ついに親たちは清原に「もう来ないでほしい」と言ったという。この例は特殊ではあろうが、「もっとも成功した野球人が、もっとも柄が悪い」のも一面の真実なのだ。

人権意識は生まれているが

日本学生野球協会は、野球部員の不祥事を定期的に処分している。

例えば2016年5月13日には、

【対外試合禁止6カ月】坂城＝4月27日から、部員のいじめ【同3カ月】佐世保実＝4月8日から、部内暴力【同1カ月】八重山（沖縄）＝5月6日から、部内暴力【除名】市岐阜商の副部長＝児童買春【謹慎1年】池田（鹿児島）の部長兼監督＝4月12日から、酒気帯び運転【同2カ月】杉並（東京）の監督＝5月10日から、部員への暴力、報告遅れ【同1カ月】箕面学園（大阪）の部長＝4月25日から、部員への暴力▽ふたば未来学園の部長＝4月25日から、新入生徒練習参加規定違反▽佐世保実の部長＝4月8日から、新入生徒練習参加規定違反

という処分を発表した。これだけを見れば、学生野球界は「暴力」や「いじめ」を厳しく取り締まっていることになるが、それは露見した不祥事にペナルティを与えているだけである。

日本学生野球協会は、2010年4月に「日本学生野球憲章」を全面改定した。

従来は、「怠惰と放縦とに対しては不断に警戒されなければならない」と書かれていた前文を、「今日の学生野球がこうした精神の次元を超えた性質の諸問題に直面していることは明らかであり（中略）これまでの前文の理念を引き継ぎつつも学生野球の枠組みを学生の『教育を受ける権利』の問題として明確に捉えなおさなければならない」とした。そして、総則に、

2条

・学生野球は教育の一環であり平和で民主的な人類社会の形成者として必要な資質を備えた人間の育成を目的とする。

④学生野球は一切の暴力を排除しいかなる形の差別をも認めない。

⑤学生野球はアンチ・ドーピングの教育、啓発、対策への取り組みを推進する。

など、これまでになかった項目を組み入れた。

ようやく野球界にも「人権意識」が生まれたことは、遅ればせながらも喜ばしいことではある。

しかしながら、さらに踏み込んだ「指導法の改革」や「指導者の教育」は、進んでいない。サッカー界が「プレイヤーズ・ファースト」の理念のもと、徹底的な指導者教育を行い、ライセンス制を敷いているのとは対照的に、野球界は「暴力をふるってはいけない」ことを定めただけで、意識や教育改革は手つかずのままなのだ。

結果として、確かに暴力沙汰は減ったが、いわゆるパワー・ハラスメントに類するような「言

葉の暴力」「圧力」などは、体質的に根強く残っている。

また野球界はプロ、社会人、学生、少年野球などの組織がバラバラで、共通の理念がないために、少年野球ではいまだに「マフィア的な」指導も散見されるのだ。

高知新聞の連載コラム「激減！　県内少年野球」には、

野球は試合でも「どうしようあ」「振らんがやったらベンチ要員じゃ」ときつい言葉が飛ぶ。「お母さんは、指導者の怒鳴り声にゾッとするそうです。よその大人に厳しい言葉を浴びせられるなんて耐えられんと。愛のムチだけど、今は通用しません」

と少年野球の指導者の声が紹介されている。

1960年代、星一徹が毎回のように我が子に鉄拳をふるう「巨人の星」が、熱狂的な人気を博した。高度経済成長期真っただ中の当時は、野球のスパルタ指導は、好ましいものとされ、親は「もっと厳しく指導してほしい」と言ったものだ。

野球界は、その頃の意識から脱却しきれていない。

この稿を書いている最中にも、こんな事件が起こった。

「朝日新聞」２０１６年５月19日
徳島県鳴門市の撫養スポーツ少年団野球部で監督をしている40代の男性が、小学５年生の男子部員にフライを素手で捕らせ、中指腱断裂のけがを負わせたことがわかった。ほかにも部員に体罰を加えていたことを認め、監督を辞める意向という。

スポーツ少年団の事務局を務める市教育委員会によると、監督は５日の練習で、外野にノックしたフライを部員が捕れなかったことに立腹した。「グラブでとれないなら素手でとれ」と命じ、繰り返し素手でフライを捕球させた。

部員は左手が腫れ上がり、医師の診察を受けた。中指の腱を断裂しており、保護者は監督に抗議し、辞任を求めた。

事態を知った市教委が17日夜、監督に事情を聴いたところ、今回のけが以外にも、部員に対して素手で殴ったり、バットで尻をたたいたりする体罰をしたと認めた。「指導として許されると勘違いしていた」と述べ、監督を辞めると話しているという。


これは明らかに違法で、極端なケースだが、今でも「マフィア野球」「スパルタ指導」を当然のことと思う人はたくさんいる。その一方で、「絶対に嫌だ」と思う人も増えている、あるいは顕在化している。そういう人々は野球を徹底的に嫌悪する。そして、そういう人は巨人選手の野球賭博や、清原和博の覚せい剤取締法違反なども、「マフィア野球」が生んだと思ってしまうのだ。

野球界は、このことを重く受け止めるべきだろう。

【要因③　勝利至上主義】

勝つためなら何でもする

「マフィア野球」は、日本の野球界の表層的な部分である。その奥にある本質的な「体質」を直視せずに、野球再建を語ることはできない。

日本野球の根深い「体質」のひとつは、「勝利至上主義」。

前出のボーイズリーグのふたりの指導者は、こう話す。

「うちは、どんな試合でも勝つことを第一に目指しています。少年野球のころから、勝利に固執しないと、子どもは伸びない。それに親も、子どもたちが笑いながら、ちんたらやってると、何をやってるんだ、と文句を言うでしょう」

「エラーしたり、送りバントで失敗した子は、親が見ていても遠慮なくベンチに下げます。チームに迷惑をかけたら、どういうことになるか、小さい頃から教えることが大切なんです。こうして鍛えるから、勝利に対する執念が身につくんです」

また高校野球でも、指導者たちの勝利への執念を感じさせる話は枚挙にいとまがない。20年ほど前まで、高校野球では、二塁走者が打者に、身振りで投手のコースや球種を教えるのが常態化していた。ちばあきおの野球漫画「プレイボール」にもそんなシーンが出てくるが、当時はそれが当たり前と思われていた。

１９９８年12月、高野連は「走者やベースコーチのサインを盗んだり、捕手の構えを見て打者に球種やコースを伝えることを禁止」する通達を出した。当時、プロ野球でのサイン盗みが問題化していたことを受けてのものだった。

この通達によってあからさまなサイン盗みはなくなったが、高校野球関係者によれば、スタンドに偵察要員を配置したり、二塁走者のちょっとした仕草をサインにしたりするなどして、球種、コース盗みはいまだに続いているという。言うまでもなくこれは生徒ではなく、指導者が部員に指示してやらせている。「部活」は教育の一環のはずだが、勝利のためには、汚い手を使うことも黙認されているのが実態だ。

高野連や学生野球協会は、投手の酷使を抑制するために、投手の連投の禁止や球数制限の導入を検討している。しかし、そのたびに、高校野球の指導者からは、

「一線級の投手を二枚そろえるのは難しい」

「ひとりのエースを中心にチーム作りをしないと、強いチームができない」

という抗議の声が上がる。

こうした指導者は「選手の健康よりも勝利が大事」と言っていることになるが、そのことを異常だと思う人は少ない。

学生野球はスポーツであり、かつ教育の一環であるはずだが、「勝利」の二文字の前にはそういう建前は吹っ飛んでしまう。

草創期からあった勝利至上主義

実は、そうした勝利至上主義は、野球が日本に根づいた直後に胚胎《はいたい》している。

野球は1870年代中ごろに、お雇い外国人によって日本にもたらされた。草創期の最強チームは、明治学院だったが、すぐにこれを破った第一高校学校が覇権を握る。彼らは、横浜居留地のアメリカ人チームと試合をしたが、勝利に異様な執念を燃やした。アメリカ人にしてみれば、親善野球のつもりだったが、一高生たちは「野球の母国を倒せ」とばかりに血道を上げたのだ。

他の学校にも野球が普及し、対抗戦がはじまると、一高は無敵の座を守るためにさらに猛練習に打ち込んだ。

一高はバンカラ（野蛮でハイカラ）の気風があった。練習でも素手で球を受けていた。いちばん硬いボールを選んでノックをしてもらい、これに猛然と突進するのが正しいとされた。一高生たるもの「痛い」「怖い」などと言ってはならない。「痛い」の代わりに「痒い」と言え、と言われた。

また当時の一高の左腕エース守山恒太郎は、絶妙の制球力を身に着けるために、連日、学校の野球部倉庫の煉瓦《れんが》の壁に向けてボールを投げ続けた。挙句に左腕は、くの字に曲がってしまったが、柿の木にぶら下がって無理に引き伸ばし、なおも練習をした。

また、守山は東京帝国大学に進学後、後輩たちの試合の主審を買って出たが、しばしば一高に有利なジャッジをした。新興の慶應義塾大学、早稲田大学の学生たちは守山が審判を務めることに難色を示したが、守山は何食わぬ顔で主審を務めたという。これも「母校愛」と称えられた。

明治末期には早慶戦がはじまる。早稲田、慶應の勝負は、それぞれの大学だけでなく、東京、全国が注目する一戦となったが、両校の応援があまりに加熱したために、１９０６年に両大学は絶縁し。およそ20年間、対戦はなかった。

大正期に入ると中等学校野球がはじまる。野球熱は全国に広がった。特に甲子園を舞台とする中等学校野球大会は、「一戦必勝」のトーナメント形式であり、勝利至上主義をさらに先鋭化させた。投手は一勝を得るために「腕も折れよ」とばかりに投げる。打者はひとつの塁を取るために捨て身のヘッドスライディングをする。勝利のために犠牲バントを多用するなど、「滅私奉公《めっしぼうこう》」的なスタイルが確立したのもこのころだ。

一球入魂

早稲田大学出身の野球指導者、評論家の飛田穂洲《とびたすいしゅう》は、こうした日本野球のスタイルを「一球入魂」と名づけた。

「一球入魂」は、基本動作を大事にする猛練習と自己犠牲の精神からなっていた。本塁打を狙って大振りするなどのスタンドプレーは固く戒《いまし》められた。「一球入魂」は日本古来の武士道と、野球が融合したものという一面もあった。

アメリカでは、野球は、草創期から労働者、市民によってはじめられた。地域ごとにチームができて、定期的なリーグ戦が組まれた。リーグ戦は、勝率の優劣を争う。負け試合もあれば、勝ち試合もある。勝利を目指す姿勢は日本野球と変わらないが、目の前の試合を絶対に落とすまいとするような必勝主義とは無縁だった。

先日、私は近所の小学校で休日に開かれている少年野球の練習を観に行った。指導者は小学生たちを前に、

「今、こうして野球ができるのは、お父さん、お母さんのおかげだ。感謝の気持ちを忘れてはならない。お前らは前の試合でエラーをして涙を流したが、その涙をなぜ練習のときに流さなかったのだ。血反吐をはくほど練習をしていれば、エラーはしなかったはずだ。負けなかったはずだ。今日は徹底的にしごくぞ。遊びみたいな気分でいるのは許さんぞ」

と話した。彼らは野球エリートではなく、ごく普通の軟式野球チームだ。そんなチームでもそういう教え方をするのだ。

アメリカではプロであっても野球は「遊び」であり「楽しみ」だ。勝利至上主義の日本野球は、本家アメリカとは似て非なるものになったと言ってよいだろう。

勝利至上主義は、やがて「野球さえうまければ何をしても許される」という風潮を生んだ。清原和博が典型だが、そういう「野球しか知らない選手」「野球バカ」が長じて一流選手になり、深刻な不祥事を起こしているのも事実だ。

【要因④　エリート主義】

本物のエリートがはじめた日本野球

日本に野球をもたらしたのはお雇い外国人だった。それを普及したのは、外国人の教えを受けたエリート層だった。

例えば、１８９０年代に横浜の来航中だった米東洋艦隊の軍艦デトロイトの乗組員チームを破った第一高等学校の野球選手たちの後の肩書は、こうなっている。

一番　遊撃手　井原外助（防府電灯等＝後の中国電力　創業者）
二番　三塁手　村田素一郎（朝鮮鉱業創立者）
三番　一塁手　宮口竹雄（電力技術者　東京電灯）
四番　左翼手　富永敏麿（日本郵船　常務）
五番　投手　青井鉞男（学生野球指導者　横浜商業コーチ　野球殿堂入）
六番　捕手　藤野修吉（鉱工業技術者）
七番　二塁手　井上匡四郎（工学博士、子爵、貴族院議員、鉄道大臣）
八番　右翼手　上村行栄（不明）

九番　中堅手　森脇幾茂（孵化酵素発明者、北海道水産試験場長）

当時最強の野球チームのレギュラーたちは、富国強兵にまい進する草創期の日本を担うリーダー層になったのだ。

日本で野球が急速に普及したのは、一高、東大、早稲田、慶應など中央の学校で野球に接した学生たちが、郷里に戻って教育者や地域の指導者となり、上意下達《じょういかたつ》の形で野球を普及させたことが大きい。

高浜虚子《たかはまきょし》は、中学時代、仲間と松山城北の練兵場で〃バッチング〃をしていたときに、東京帰りの書生さんがやってきて、「おいちょっとお借し」とバットとボールを借りて野球の練習に興じたことを随筆に描いている。そのなかのひとりが正岡子規《まさおかしき》で、子規と虚子はこのときはじめて出会った。虚子は、子規たち一高生が流行の「弊衣破帽《へいいはぼう》」姿で、洗練された野球の身のこなしをするのを、まぶしいものでも見るように見つめていた。

いわば野球は、明治の維新日本の象徴でもあったのだ。

明治中期までは、野球は本物のエリート層が主導していたが、大学野球の繁栄とともに、野球を専業とする選手が大学に入り、野球部の主力選手になる。

中等学校野球も草創期には、地方の公立エリート校が甲子園に出場していたが、やがて私立校や商業、工業学校などが強豪校になっていく。こういう形で「野球エリート」が生まれてきたのだ。

しかしながら、「本物のエリート」が「野球エリート」に入れ替わっても、日本野球の「エリート優先主義」は引き継がれた。

3年間一度も試合に出ない野球部員

チームを強くするために、実力のある選手を優先する。また、多くの選手を集めて力のある選手を選り抜いて、他を振るい落とす。「勝利至上主義」とも相まって、日本の野球は、戦前から「エリート主義」が定着した。

現在では、野球強豪校と言われる高校には、100人を超す野球部員がいるのが当たり前になっている。

リトルシニア、ボーイズリーグなどで名前が知れわたった有名選手は、指導者が強豪高校に紹介する。彼らエリートは特待生として学費を免除されるなど、特別扱いだ。

しかし、自ら志望して入学するような無名の生徒の多くは、学費や部費、遠征費を払いながら3年間ほとんど試合に出ることはなく、球拾いなどの練習補助と、スコア付け、ライバルチームの偵察、声出し、試合ではスタンドで声援を送ることになる。野球が好きで野球部に入りながら、3年間試合に出ることもなく過ごす。

まことに理不尽なことが「教育」の名のもとに、長年看過されてきた。

彼らの親のなかには、腹を立てる人もいる。

「厳しいとは聞いていたけども、3年間一度も試合に出ないとは、あまりにもひどい。うちの息子は、最初から一度もチャンスをもらえなかった」

前出の明徳義塾・馬淵監督のように、父母に前もって「試合には出られないかもしれない」と断る指導者も多いが、それでも理不尽さを感じる親は多い。

また、「3年間試合に出られなくても、人の犠牲になることをやり続け、耐えることを覚えることは、その後の人生に、必ず役に立つ」と諭す指導者もいる。その言葉は誠に麗しいが、教育の名のもとに行われている「勝利至上主義」「エリート主義」を擁護するための詭弁《きべん》のようにも思えてくる。

サッカー解説者のセルジオ越後は、著書『補欠廃止論』（ポプラ社）で、部活が教育の一環だと言うのなら、日本でいう「補欠＝リザーブではなく員外」は、教室に入れず、授業を受けさせてもらえないのと同じだ、教育の機会を奪われていると批判した。

そうした姿勢を究極まで徹底したのがＰＬ学園だった。80年代に桑田真澄、清原和博らを擁して無敵の存在だったPL学園は、常時100人を超す野球部員を擁していた。彼らはすべて野球部専用の寮で共同生活を送っていたが、軍隊のような厳しい規範を子どもたちに強いた挙句、暴力沙汰などの不祥事を何度も起こした。桑田、清原の現役時代には、死亡事故も起きている。

こうした不祥事を起こすのは、ほとんどが非エリートの部員だった。後輩がベンチ入りしたり、レギュラーの座を勝ち取ったりするなかで、鬱屈《うっくつ》を抱いた彼らは、仲間に暴力をふるったり、後輩をいじめたりした。喫煙や窃盗などの問題行動を起こすのも、多くはこうした非エリートだった。

日本学生野球協会は、不祥事を起こした学校に出場停止処分などを課しているが、事例をひとつひとつ調べていけば、その野球部の指導体制や環境の問題点が浮かび上がってくるはずだ。本来であれば、ただペナルティを与えるだけでなく、そうしたきめ細かな指導を行うべきだと思うのだが。

是正されつつある「エリート主義」

ただし、最近の高校野球を取材して思うのは、そうしたいきすぎた「エリート主義」は是正される傾向にあるということだ。ある地方の私立強豪校の教頭は、

「うちは150人程野球部員がいます。リトルリーグから推薦されてきた子もいますが、勉強で入った子もいます。でも、うちは150人が全員、同じ練習をしています。アップから守備練習、打撃練習までみんな一緒です。いくつかのグループに分けはしますが、一切差別はしません。そのうえで選抜をしています。OBのなかには、〝そんなことをせずに、有望選手だけを特別に鍛えたほうがチームは強くなる〟と言う人もいますが、監督とも相談して、そういう差別は一切していません。みんなうちの学校の野球部に入りたいと言ってくれた子どもたちですから」

と語った。

前出の編集者・菊地高弘は、

「最近の有力校は、選手が150人いれば一軍、二軍、三軍と3つくらいに分けて、それぞれコーチをつけて指導をするところが多くなっています。それぞれのレベルでの練習試合も組んでいます。昔のように〝補欠は球拾いだけ〟という野球部は減ってきています。昔の大所帯の野球部は、どんどんふるいにかけられていって、3年生になれば入学時の半分以下になること

が多かったのですが、今の継続率は80％を超えているんじゃないでしょうか」

と語る。

高野連発表の高校野球部員の継続率は、１９８５年には72・９％だったが、２０１５年には89・７％になっている。この数字は非強豪校を含むすべての高校の平均値だ。強豪校での継続率は、平均より下がるだろうが、それでもこの数字は上昇傾向にある。

この背景には、私立高校の経営方針もある。かつては「ベンチ入りできなければ学校を辞めて転校する」生徒が多かったが、少子化が進む今は、経営を安定させるためにも、退学者を減らし、生徒数を維持しなければならない。高校野球の指導方針の変化と、学校の経営方針が相まって、大所帯の野球部の継続率が上昇しているのだ。

「エリート主義」だけでなく、日本の高校野球の指導現場は、近年、相当変わってきている。このことは強調しておきたい。

昔に比べれば暴力は減ったし、指導者は選手に順々と話して聞かせることが多くなった。科学的な指導法も導入された。選手を大事にする指導が増えたとは思う。しかし、高校野球全体の体質は、あまり変わっていない。そして野球に対するイメージも変わっていないのが現状だ。

【要因⑤　24時間、365日野球漬け】

私財をなげうつ指導者たち

これも野球部だけの話ではない。

私は以前から私立高校の学校案内を作成する仕事をしていた。また最近は、高校の運動部、文化部の部活を取材する仕事もしている。

指導者には、部活のタイムテーブルを必ず聞くが、いわゆる底辺校を除く学校の部活顧問の多くは、「平日は放課後数時間、土曜、日曜は全日練習、試験前と正月は休みますが、それ以外は休みなしです」と答える。休みがあってもせいぜい1日だ。今の高校の部活は、365日と言ってもよいほど、休みなしで活動している。

野球部はその最たる存在だ。平日は授業が終わる午後4時ころから7時、8時まで。大阪桐蔭高校のような強豪校は、夜間練習施設があるので、9時過ぎまで練習をする。土曜、日曜は練習試合。遠征に行くことも多い。甲子園を目指すような強豪校がそういう野球漬けの日々を送るのはわかるが、地方大会の一回戦、二回戦で敗退するような学校でも、ほぼ年中無休である。

これらの部活の顧問には、残業代や部活手当などは一定の限度以上は支払われない。遠征や合宿の費用を持ち出している顧問もいる。

部活顧問のなかには、先祖伝来の田畑を売って活動費をねん出した人もいる。また自ら寮を建てて、選手を住まわせ、妻を寮母として、選手の生活を文字通り24時間面倒を見る指導者もいる。

こうした話は、日本では美談として流布している。確かに、生涯をかけて野球に打ち込み、選手を薫陶《くんとう》するのは美談かもしれないが、これはすでに「教育」「スポーツ」の域を超えている。おそらくは「経済活動」でさえない。口は悪いが「道楽」の類だろう。そこまでしなければ「野球を通した人格陶冶《とうや》」が覚束《おぼつか》ないのであれば、日本の野球は「宗教活動」に近いことになる。

部活顧問をやりたがらない先生たち

今、中学、高校の教員のなかから「部活の顧問をしたくない」という声が上がっている。部活動顧問は教員の義務ではないにもかかわらず、実質的には強制され、土日祝日に学校に出てくることを強いられる。プライベートの時間は教師をしている限り、ほとんどなくなる。

なかには「部活がやりたいから教師になった」という人もいる。特に体育教員の多くは、体育会系の部活を経験しているから、こういう生活に違和感がない。

しかし、それ以外の教師の大部分は、部活顧問に対して否定的だ。

愛知県教育委員会の調査では、部活動に「やりがいを感じる」教師は34・7%、「やるのはいいが、必要最小限にしたい」が41・8%、「できればやりたくない」が14・5%、「やりたくない」が7・2%となっている。教師の多くは、積極的に部活にかかわろうとはしていない。

そんななかで3割ほどの教師が、文字通り「部活に全生活をかけている」のが現状だ。

そして野球部監督の多くは、少数派である「全生活をかけている」グループに属している。

「高校野球は人生そのもの」

2015年12月29日、NHK-BSで「KOKOYAKYU　アメリカ人が見つめた〝甲子園への道〟」というドキュメント番組が放映された。

アメリカの映像制作会社が、2004年夏の甲子園出場をかけて地方大会で戦う天王寺高校、智辯和歌山高校の野球部の様子を、試合中のベンチの中からプライベートまで追いかけたものだ。ナレーションは一切なし。インタビューと現場の音だけで構成された異色のドキュメントだ。

大阪屈指の進学校、天王寺高校の政英志監督は、映画の中で以下のように語る。

「高校野球は教育の一環であり、技と体力を生かすためには、心を育てなければならない。私は野球を通じて心を育てたい」

「うちは、練習法は生徒たちで決める」

「高校野球はスポーツだが武道に近い。相手の弱いところを攻めずに自分のいいところを発揮する。そうすれば、おのずと結果はついてくる」

「甲子園は原点。どのチームで野球していても目標は甲子園。大阪府の頂点に立つということは、自分らの努力が実を結んだことになる。（夏の予選は）負けたら終わり。この素晴らしい仲間でいつまでも練習をしていたい」

「私は甲子園には出ていない。しかし母校の恩師が素晴らしかったので、公立高校の教員になって、野球部の監督をしたいとずっと思ってきた。高校野球は人生そのものだ」

天王寺高校のキャプテンは、「先生は、朝から晩まで僕たちのために尽くしてくれる」と語る。

名将として名高い智辯和歌山の髙嶋仁監督は、

「勝負に勝つのは、心。昔の言い方で言えば根性。よその3倍4倍やらないと勝てない。ここまでやって、試合に負けたら監督が悪い」

「野球はグラウンドでの修行だ。苦しむほど勝った時の喜びは大きい。まさに人生そのもの、そこまで思わせる魔力を持ったのが野球だ」

智辯和歌山の選手は、「監督は、本当に野球が好きで僕たちを指導してくれる。だから、怒鳴られても殴られても頑張ってできる」と語る。

ふたつの高校は、歴史も実力もまったく異なるが、ふたりの指導者は異口同音に「高校野球は人生そのもの」と語った。

二校ともにこの年は地方大会で敗れる。

天王寺高校の政監督は、選手とともに涙し、背番号18番を与えたものの試合に出なかった補欠選手に「子どもにも野球を教えてやって、悔いない人生を送ってくれ」と語りかける。

智辯和歌山高校の高嶋監督は、「実力も努力も足りんかった。私は優勝したときは涙が出るが、負けた時は悔しさでいっぱいになる。すぐに帰って次のチームを鍛える」と語った。

ちなみに、このときの天王寺高校の選手たちの何人かは国公立大学の大学院を出て、一流企業に技術者、専門職として就職していた。

智辯和歌山高校からは、阪神タイガースに入団した選手がいた（今は引退）。また社会人で活躍中の選手もいる。

このドキュメントは、大きな反響を呼んだ。ＮＨＫの公式サイトには、〝高校野球芸人〟と呼ばれるアンジャッシュ渡部建の、

「高校野球に捨てるところなし、ひとつのことに純粋な気持ちで真剣に打ち込んでいる高校生たちがうらやましく映りましたし、まばゆいばかりに輝いていました。その思いが、是非みなさんにも伝わるといいな」

という感想が載っている。

確かに感動的で、さわやかな青春ドキュメントだった。外国人の目を通してのレポートだけに、日本人では気がつかない小さなことにも目配りが行き届いていた。

しかしながら、このドキュメント番組をなんの解説もつけないままで海外の野球関係者に見せたとすれば、やはり何人かは「マフィアが野球を教えている」という感想をもらすのではないかと思う。

ひとりの指導者が選手を支配し、猛練習を科して鍛え上げるさまは、日本的には麗しいだろうが、そういう文化のない国の人から見れば、異様なものに見えている可能性はあるだろう。

両校の指導者は身をもって「人生をかけて野球に打ち込む姿」を見せることで、子どもたちにも「すべてをかけて野球に打ち込むこと」を求めている。日本の師弟関係とはそのようなものだが、「そうまでしないと野球というスポーツをすることはできないのか」という思いが湧く。

もっと気楽に「野球も青春も楽しむ」みたいなスタイルはできないのか。みんな軍人や修行僧みたいにしなければならないのか、という疑問がぬぐえない。

シーズンスポーツの考え方

アメリカ、オバマ大統領夫人のミシェル・オバマはふたりの娘に「ふたつのスポーツをやりなさい」と教えたという。ふたつのスポーツのうち、ひとつは「自分がやりたいスポーツ」、もうひとつは「母がやらせようと決めたスポーツ」だそうである。なぜ、そうするか。「強制されてはじめたものごとを、いかに自分のものにするか。いかに成績を挙げるか、を考えるため」だそうだ。

大統領家だけでなく、アメリカの学生の多くは、ふたつ以上のスポーツをすることが多い。カレッジ・スポーツは「シーズンスポーツ」であり、一年中同じスポーツだけをし続けることはできないからだ。

男子で言えば、秋はアメリカン・フットボール、水球、サッカー、クロスカントリー。冬はバスケットボール、フェンシング、体操、アイスホッケー、射撃、スキー、水泳・飛び込み、室内陸上。そして春は野球、陸上競技、ゴルフ、ラクロス、テニス、バレーボールだ。これは高校、大学共通。いくら一年中野球をしたいといってもできないのだ。

大リーグの選手のなかには、入団時に野球だけでなく、アメリカン・フットボールやバスケットボールでもドラフト上位で指名されるケースが散見される。彼らは、ふたつのスポーツで成功しているのだ。

高校3年間を野球一色に染めて、明けても暮れても野球ばっかりする日本とは、誠に対照的である。

アメリカと日本の学生スポーツにはそれぞれ短所と長所がある。

アメリカ式のシーズンスポーツのメリットは、複数のスポーツをすることで視野が広がり、スポーツへの理解が広がることだろう。野球なりバスケなりを他のスポーツと比較することで、近視眼的な見方をしなくなるはずだ。他競技の身体の動きが参考になることも多い。また、過度の反復練習による局所的なダメージを避けることもできるだろう。

さらに複数の指導者と接することで、指導法を客観視することにもつながるだろう。指導者も、選手に絶対服従を求めるのではなく、主体性を重んじ自覚を促すような指導になる。結果的に自分で考え、練習法を工夫し、努力することが身につくはずだ。

反面、アメリカ流のシーズンスポーツでは、競技が途中で切り替わるので、継続性がない。また指導者との関係も絶対的なものではなくなるので、強制力が弱くなる。努力をするもしないも自分次第になりがちだ。二兎を追うもの一兎も得ずで、どちらもモノにならないことも多いはずだ。

日本式の「365日野球漬け」は、技術、実力を急速につけるうえでは、圧倒的に効率が良い。すでに確立されたメソッドを、絶対的な立場にいる指導者から強制的に叩き込まれるのである。日本の野球選手が、基本に忠実で、連携プレーなどが徹底的に身についていることに、アメリカの野球関係者は感心するが、まさにそれは濃厚な反復練習のたまものだ。

しかしながら、日本式は、指導者、年長者に絶対服従を求められるので、主体的に考える力がつかないことが多い。極端な例では、善悪の判断さえ目上にゆだねるようなケースも出てくる。閉鎖的な環境で育つために、視野が狭くなる。「自分で考える力」が身につかないことが多いように思われる。

野球バカを生み出し続ける指導法

2016年3月に死去したスポーツライターの佐野正幸には『プロ野球の世界に生きるということ』という著書がある。

佐野はこの本で、プロ野球選手には「体育会系」と「常識系」のふたつのタイプがあり、「体育会系」が主流だとし、彼らの傾向としていくつかを挙げている。そのなかに、

▽待ち合わせ場所など、一度聴いたらもう繰り返さない
▽上の指令には恐ろしく従順である
▽何でもやってもらって当たり前だと考えている

▽プロ野球経験のない人の野球に関する意見には素直に従わない

というのがある。

待ち合わせ場所を繰り返さないのは、監督に「俺に二度同じことを言わせるな」と怒鳴られたて育ったからだ。

従順なのは、もちろん、指導者に絶対服従で育ったから。

何でもやってもらって当たり前だと思うのは、プロに行くような超エリート選手は、野球で結果を出せば、誰も何も言わなくなる。ほかのことは周りがおぜん立てしてくれるから。

そして狭くて深い野球界しか知らないから排他的である。

もちろん佐野はそうでない野球選手＝「常識派」もいるとしているが、主流である「体育会系」の選手にこうした傾向が色濃くあるのは否めない。

覚せい剤取締法違反で逮捕、起訴された清原和博や、野球賭博取締法違反で逮捕、起訴された笠原将生などの言動を見ると、彼らは典型的な「体育会系」なのではないかと思う。

言い換えるなら「体育会系」とは指導者の言うことを聞いて野球さえやっていれば、そして結果さえ出していれば、後は何も考えなくていいと思う「野球バカ」ということになるだろう。

かつては「野球バカ」は企業戦士として引く手あまたであり、営業系を中心に有能な人材と言われてきたが、グローバル化した最近では、時代遅れとされる。

そして「野球バカ」のイメージが母親層などを中心に野球を忌避《きひ》する原因のひとつになっていると言えよう。

変貌するスポーツ界

かつては、野球以外のスポーツでも、スポーツ選手を育成するとは「サッカーバカ」「ラグビーバカ」「バレーバカ」を作ることだった。指導者の言うことを聞いて、牛や馬のようにどつかれ、ののしられながら体力、技術力、そして根性を磨いたものだ。

しかし近年、他のスポーツの指導法は大きく変わろうとしている。

東海大仰星高校ラグビー部をここ3年間で2度全国制覇に導いた監督の湯浅大智は、今のラグビーをこう語った。

「一言で言えば、ラグビーとは流動的でカオスな状況のなかで自分たちの隊形をいかに整えていくか、なんです。頭が良くないと絶対に勝っていけない。42・195㎞を走りながら、チェスをしながら途中で100mダッシュをしたり、いきなりレスリングもしたりする、まさにファイナルスポーツだと思います。

だから勉強もすごく大事なんです。数学の証明や物理的なものの見方、さらにはプレーをどうやって言語化するのか、そして感受性も必要ですね。自分たちのプレーを表現する力を持っているかいないかでまったく違うと思います。

勉強とともに趣味も大事です。映画や音楽や本に親しんで感性を磨いてほしい。趣味がある子のほうが表現力があって伸びるんです。

ラグビーは、チームとしては哲学のぶつかり合いですが、個人としては人間力、人格のぶつかり合いだと思います」

ラグビーは最近の桜のジャージ（日本代表）の活躍とともに、急速に注目を集めている。

サッカーもそうだが、国際化し、世界の指導法や、思考法を取り入れることによって、劇的に変化しているのだ。知的になり、視野が格段に広がっている。

それとともに体育会系の暑苦しいイメージは薄まり、多くの人が、知的でスマートな良いイメージを持つようになった。

野球は、日本でもっとも成功したスポーツだけに、国際化がおくれ、イメージの上でも陳腐化しているのだ。

【要因⑥　団結しない野球界】

お山の大将の集まり

高知新聞「激減！　県内少年野球」には、少年野球の競技人口が激減するなかで、「自分らの大会は自分らでやるのが筋」と、高知県小学生野球連盟と、高知県軟式野球連盟が、分裂してそれぞれ別の大会をはじめたことを紹介している。パイがどんどん減っているのに、団結することができず、小さいパイの取り合いをしているのだ。

これは野球界の「体質」を象徴するエピソードだ。

プロ、アマ、学生、社会人など、野球界は、主催団体が細かく分かれ、大同団結することが少なかった。それぞれに「権威」「お山の大将」がいて、自らの伝統を誇り、立場を主張し譲らない。

紛糾すると、「嫌なら一緒にやらなければいい」「うちはうちで勝手にやる」と言ってきたのだ。野球の歴史は、組織間の対立の歴史だった。

プロ、アマ対立の歴史

古くは1936年、米大リーグの日本遠征を機に職業野球連盟が結成されると、全国中等学校野球連盟や東京六大学野球連盟などアマチュア野球界は、「野球で金品を得るのはけしからん」と強く反発。

法政大学のスター選手だった鶴岡一人が1939年に南海入りすると、法大野球部OB会から「卒業と同時に職業野球に入るとは何事、野球芸人になるつもりか。母校の恥だ。除名せよ」という声が出た。プロ野球は、長くアマチュア野球界から下風に見られ、さげすまれた。その風潮は、1958年に長嶋茂雄が巨人に入り、プロ野球がナショナル・パスタイム（国民的娯楽）になるまで続いた。

また1950年にプロ野球がセントラル、パシフィックの2リーグに分裂した際も、両リーグは激しくいがみ合い、選手の引き抜き合戦を繰り広げた。あまりにも険悪になりすぎたために、分裂1年目には、両リーグによるオールスター戦は開催されなかった。また日本シリーズも開催が危ぶまれた。

それ以降も、両リーグは「指名代打制」の導入を巡って異なる決定をしたり、開幕日を別々にしたり、ポストシーズンを別個に行うなど足並みをそろえなかった。

両リーグは2009年に日本プロフェッショナル野球連盟（NPB）に統合されたが、20

11年の東日本大震災後の開幕時期を巡っても、セ・パは鋭く対立した。いまだに両リーグは一枚岩ではない。

アマチュア野球は、プロ野球の台頭とともに、選手の引き抜きに悩まされた。当時、プロ野球の統括団体だった日本野球機構は、社会人野球協会と毎年、選手の引き抜きについて協定を結んでいた。

しかし、1961年に日本野球機構は契約を破棄、この年、中日が日本生命の外野手・柳川福三と契約したことを契機として、プロ球界とアマ球界は断絶状態に入った。

プロ野球選手やOBは、アマチュア選手を指導してはならない。例えば長嶋茂雄は、立教大学野球部にいた長男の長嶋一茂を表立って指導することができなかった。プロ・アマ規定に抵触していたからだ。

そしてプロ野球選手が引退して高校野球の指導者になることもできなかった。アマ球界にとっては、プロ入りする選手は「裏切者」のような扱いだった。

1984年に野球がロサンゼルス・オリンピックの公開競技となり、96年アトランタ・オリンピックからプロ野球選手も、アマとともに五輪に参加するようになるなかで、プロ・アマ規定は次第に緩和され、現在ではプロ野球選手も研修を受講すれば学生野球資格が回復されることになった。

しかしながら半世紀以上にわたって「プロ・アマ」の交流を禁じてきた経緯は、両者に深い溝を作っている。

そしてそのことが、野球界全体のイノベーションの大きな妨げになっている。

プロ野球と高校野球の谷間

日本の野球界には、「プロ野球」と「甲子園」というふたつの頂点がある。

多くの野球少年は、まず甲子園を目指す。しかし、予選、甲子園大会ともに勝ち進むと過酷な日程になる。投手は登板過多のために肩やひじを壊すことも多い。このために、高校で野球を断念するケースさえある。

プロ野球と高校野球が連携して、長期的な展望を持って選手の健康管理を行ったり、指導法や選手の起用法などを考えたりすることができれば、そうした不幸な事例は減少すると思われるが、今のところ両者が連携する気配はない。

その背景には、高校野球が「朝日新聞社」、「毎日新聞社」、プロ野球が「讀賣新聞社」と、激しく競合する新聞社の後援で発展してきた経緯がある。

高野連は実質的に朝日新聞の人脈が主導権を握っている。そしてNPB（日本プロ野球機構）の歴代事務局長の多くは、讀賣新聞グループの出身者だ。

プロ野球と高校野球は、新聞部数の拡販でも、論説内容でも、激しく競合する二大新聞社の対立関係に巻き込まれてしまっている。

そのために、事業としての連携も、ノウハウの共有もできていない。まったく別個のイベントとして運営されている。

不幸なのは高校球児たちである。「プロ野球」と「甲子園」というふたつのピークの間には、橋がかかっていないから、転落して野球を断念する選手も生まれているのだ。

一部分にとどまるプロ・アマ連携

もちろん、野球界にもプロ、アマを統括し、野球界全体として未来を目指そうという動きはある。

1994年に発足した「全日本野球会議」は、オリンピックが正式競技になる過程で生まれた、プロ、アマの主要な野球組織で構成される統括組織だ。

また2013年には、オリンピックやWBC（ワールド・ベースボール・クラシック）、各年代の世界選手権などの日本代表チームが「侍ジャパン」というひとつのチーム名で統一された。中学生からプロ野球選手、女子野球選手までもが、同じユニフォームを着て国際試合を戦うのは、画期的なことだった。これを運営し、新たなビジネスモデルを打ち出す会社として株式会社NPBエンタープライズも発足している。野球の未来をともに考えようという機運は、確かに生まれてはいる。

今年7月、2020年の東京オリンピックで野球・ソフトボールが競技として復活することが決定した。これによってプロ、アマの連携は強まっている。

しかしそれは、国際試合や、少年野球の指導などごく一部にとどまっており、前述のように高校野球とプロ野球が連携していないなど、国内の主要な組織の統合や連携などは進んでいない。

野球界は旧弊で視野の狭い価値観でまわっている。個別の事象を見れば、改善の兆しも多々見受けられるが、全体としては変化が遅く、時代から取り残されつつある。

何より深刻なことは、セクショナリズムが強いこともあって、野球界全体の「ガバナンス」、「マネジメント」が存在しないことだろう。

野球界には「うちのチームは」「プロ野球は」「高校野球は」ではじまる話題は多々あるが、「野球は」という主語ではじまる議論がほとんどない。

野球界がひとつの考えのもとに統一され、さまざまな問題に取り組まない限り、野球の将来はないと言ってよいだろう。

47都道府県で「野球を観るチャンス」をつくる必要がある。プロだ、アマだ、独立リーグだと言っている場合じゃない。

◉インタビュー

鍵山 誠（かぎやま・まこと）

一般社団法人日本独立リーグ野球機構 会長
四国アイランドリーグplus 事務局理事長

2005年に石毛宏典が創設した独立リーグ「四国アイランドリーグ」を引き継いで12年間リーグを運営してきた鍵山誠は、「中央集権」「エリート主義」のプロ野球、高校野球とは異なる野球観を持っている。今は、一般社団法人日本独立リーグ野球機構の会長として、四国アイランドリーグplus、BCリーグの立場を代表している。地域に根ざし、裾野からの野球再生を目指す、経営者の言葉。

12年間で、選手も指導者もリーグも成長した

――プロ野球や高校野球と独立リーグは、どんなところが違うのでしょう？

プロ野球や高校野球は日本人なら誰もが知っていて、試合をやればほっておいても観てくれますし、みんなが試合開催に協力してくれます。でも独立リーグは、そうではありません。そういう意味では僕ら独立リーグはインディーズ、ベンチャー企業みたいなもんです。人々が自分たちの存在を知らないのが前提です。チームや選手を、学校、行政、住民の人々にまず知ってもらわなければならない。そのためにいろいろお願いしなければならない。その「目線の低さ」が一番の違いじゃないでしょうか。「やってもらって当たり前」みたいな、上から目線は考えられませんね。

選手も、プロ野球に行けなかった層が中心です。「勝利至上主義」からこぼれ落ちて、一番上には入れなかった人たちを受け入れていくリーグです。だから、負けてしまう人の気持ちを分かっています。そういう挫折経験がある選手が多いですね。

――そして、指導者はＮＰＢ（プロ野球）出身者が中心ですね。

四国アイランドリーグを創設した当初は、指導力もそうですが、それ以上にネームバリューを必要としていました。ＮＰＢで有名選手だった指導者が教えてくれる、というのが大事だっ

たんです。

でも、12年間で、選手だけでなく、指導者も育っています。今の規則では球団のコーチ2人のうち1人はNPB出身者でなくてもいいということになっています。事実、四国アイランドリーグ出身のコーチもいます。指導者の才能があれば、出身は問わないようになってきています。

NPBからくる指導者の意識も随分変わりました。当初は「これしか仕事がないから」という「都落ち」の感覚でやってくる人が多かったんです。不安いっぱいという気分の人が圧倒的に多かったんです。今は、四国アイランドリーグplusがしっかりした組織で、そこでの指導歴がキャリアになることがはっきりしてきたので、「不安はあるにせよ、こういう仕事もいいな。次のステップになるな」という意識の人が多くなりました。NPBでコーチの経験がなかった人が、四国で監督をして経験を積み、NPBにコーチとして復帰してステップアップするという例も出てきています。

NPBの独立リーグを見る目が変わってきた

――NPBとの関係はどうですか？

12年間交渉したり、交流戦をしたりしながら、NPBとうちの肌合いの違いを実感しています。NPBは、立場として何かを決めることができる組織ではないんですね。球団に主導権があるから。

サッカー協会は、サッカークラブやチームを統括していますが、NPBはそういうポジションにはない。12球団のコンセンサスがとれないと何も決めることができない。70%の賛同ではだめ、99%OKでないとだめな組織ですね。そういう意味では変化のハンドルを切る量や速度が他の組織とは違う感じです。

でも12年間で、どこにどんな機能あるか、どこに話をするべきかわかってきました。最近は、先方が私たちを見る目が若干変わってきました。お気遣いいただけるようになりました。出身選手が活躍しだしたことと、三軍との交流戦がはじまったことが大きいですね。

野球選手の「特殊性」を身をもって知る場所

――NPBの選手と独立リーグの選手の最大の違いは何でしょう?

まず、うちはエリートではなくなった選手が来ています。当初は「3年、25歳で結果が出なければ退団」という規則がありました。今はありませんが「永遠にいられる場所ではない、何年間もそこでご飯を食べられる場所ではない」という認識は変わりません。ここでやりきってステップアップするか、辞めるかを決める場所ですね。

独立リーグに入ってくるうちの5%は夢(NPB)まで行きますが、95%は夢をあきらめます。夢が叶わなかったときは「別の道」が見えてくる。社会との接点が見えてくるんです。だから「選手をあきらめさせる」こともうちの役割のひとつです。今まで積み上げたものを一回壊してでもチャレンジして、だめならあきらめろ。ブレークスルーできないのであれば次の道に行け。これは、指導者、経営者の共通認識です。

いわば「納得しながら終われる場所」、「自分自身で辞める選択ができる場所」でもあります。戦力外になる人もいますが、シーズン終了後、自ら辞める人が圧倒的に多いですね。最初からそれを狙っていたわけではないですが、気がつくとそうなっていったのです。

――「地域貢献」が重要視されるのも、独立リーグの特色です。

独立リーグは、野球だけをやればいいわけではありません。野球以外のことも学ぶ場所です。今の時代、年俸5億、10億もらっている人でも社会貢献が必要な時代です。ましてや独立リーグの選手にとって地域貢献は必須、全員がやります。やれない人は、このリーグには居場所がありません。そうでないと地域の人に受け入れられません。

これまで、高校野球、大学野球をやっていた人は、自分が誰かに支援してもらって野球ができている、ということに気がついていない人が多いんです。自分のために無償の愛を提供してくれるのは家族以外にない。親兄弟じゃない限り、ギブアンドテイクが続いているからこそ野球ができる。野球をするだけで、お金がもらえるというのがわかってくるんですね。高校から来た選手などは、給料は何のために誰が出してくれているのか、真剣に考えるようになる。だから、地域貢献の意味も分かってくる。こうして、高校生からひとりの社会人になっていくんですね。

高校生だけじゃなく、プロ野球で育った人のなかには、社会性が身につかないまま成人した人がたくさんいます。ＮＰＢからコーチとしてやってくる人のなかには自分で飛行機のチケットを買ったことがない人もいるんです。そういう人は、独立リーグに来て、はじめて「社会はこういうもので、自分が育った環境はかなり特殊だったんだな」ということがわかるんです。ドラフト上位でプロに入った人などは特にそうですね。

入団したばかりの指導者は、「（独立リーグには、NPBにあった）あれもない、これもない」と言います。しかし今は大半がそういう状況を受け入れています。どっちが普通かがわかってくるんですね。

特に指導者は、行政の首長や担当者との食事会などにも出席します。その席上で「どのようにして町を盛り上げるか」なんて意見を求められます。入ったばかりで答えられる人は少ない。突然「大人の世界」に放り込まれる感じですね。

「野球以外のことを、こんなにやるとは思わなかった」という人もいます。野球で勝つ以外のことを考えるようになることで、選手への指導も変わってくるようです。

「あってもなくてもいいもの」から「なくてはならないもの」を目指す

――生まれてはじめて「社会人」になったという感じですね。

野球のことは私にはわかりませんが、社会人として野球選手は特殊な部分があると思います。清原和博氏の覚せい剤事件や、野球賭博事件もそうですが、自分がこんなことをすると、社会にこんな大きな影響がある、ということが理解できないんですね。独立リーグに来ると、世間との距離感がわかるというか、自分がどう見られているかがわかるんですね。

そもそも野球をやるだけで給料をもらえるのは、コンビニで働いてお金をもらうのとは違う。野球をやってお金をもらうというのは、とてつもなくレアなことで、もらうからには大きな責任、義務がついてくるんだよということがわかるんです。

独立リーグは、確かに野球としての精度はＮＰＢには及ばない。また、独立リーグの選手は、ちゃんと練習をやりきるとか、やるべきことを何かを我慢してもやりきる能力が足りないとも思います。そういう部分は、プロ野球に学ぶべきですが、独立リーグから学ぶことも大きいと思います。

――12年の間に、社会が四国アイランドリーグｐｌｕｓを見る目も変わってきたのではないでしょうか？

確かに社会的信用はついてきた。地域に信頼を得るようになりました。最初は「あってもなくてもいいもの」でしたが、今は「あってもいい」になった。次は「なくてはならないもの」になることを目指しています。

「あってもいい」存在になったことを、多くの人々に実感させたのが、２０１５年６月、藤川球児選手が四国アイランドリーグｐｌｕｓの高知ファイティングドッグスに入団した時でしょう。藤川選手が「故郷から再起したい」とどんなに思っても、近所の草野球レベルのチームしかなかったら、どうしようもない。大リーグで活躍した選手が、調整できるようなレベルの球団、環境が高知にあった。だから藤川選手は帰ってくることができたんです。藤川選手が来てから「『おらが球団』はあったほうがいいね」と、いろいろな人に言われました。

藤川選手はアメリカを見て、意識がずいぶん変わったと言いました。それまで日本の「野球道」が当たり前だと思っていたのが、アメリカで大リーグだけでなく、マイナー・リーグも経験して、厳しい環境を実感した。そしてマイナー・リーグや米の独立リーグにもすごい選手がいる。これがアメリカなんだと思ったそうです。日本は常に少数エリートの小さな競争だけど、アメリカの競争はすごい、全然違うぞ、ということがわかった。だから彼は日本の独立リーグの存在意義を認めて、ここに来たのだと思います。

昨年から、四国アイランドリーグｐｌｕｓは選抜軍を組んで、アメリカの独立リーグと交流戦をしています。そういう武者修行を通じて、まさに藤川選手が感じたものを選手たちに見せたい、野球の世界の中心を見せたいという思いがあります。

「プレイヤー人口の把握」からはじめないといけない

――野球界を変えようという機運は生まれているのですか？

今年に入って、私は「野球協議会」に出席しています。プロ野球とアマチュア野球の会合で、独立リーグは正会員ではなくオブザーバーですが、「全部でやるんだから、正会員もオブザーバーも、女子野球も含めて〝オール野球〟で取り組まないと、他のスポーツに対抗できない」

という雰囲気になってきています。

特にアマ野球は最前線で他のスポーツに浸食されて、競技人口が減っている、そして地元の人の関心が薄れているのを実感しています。それが議題になって、上の方もそのことに気がつきはじめて、「裾野の人を呼んで意見を聞こう」という風になって急遽5月から私たちも出席するようになったんです。

皆さん、現実を知って驚愕しています。軟式野球は競技人口が激減していますし、高野連も連合チームを容認するようになっています。サッカー、そしてバスケに競技人口をとられていることに、気がついたのです。

野球は時代にそぐわなくなっている。野球をやっている側の人が思っているほど、野球を特別扱いしている人はいなくなっている。そもそも日本の人口が減少するということが歴史はじまって以来なのに、野球界にはそういう状況でどう戦っていくのかの考えがまったくないんです。

今、問題になっているのが、プレイヤー人口の把握ができないことです。これができないと何か施策を出したときに成果が上がったかどうかがわからない。ベンチマークがないと成果が測れないんですね。でも、野球界は一度もそんな数字は出したことがなかった。その必要性がなかったから。じゃ、出そうと言うことになって、今、はじめているところです。

世間話レベルでは、草野球も含めて今、600万人くらいプレイヤーがいるんじゃないかと推測しています。会議をすればするほど、なんとかしないと大変なことになるなという共通認識ができてきているんです。

アマチュア球界のほうから改革の機運が出は

じめています。一般企業のマネジメントをしている人が運営に関与しているからでしょう。またプロ野球でもそういう機運が出てきています。遅ればせながら、ようやく野球界もそういう空気に変わってきたということです。

47都道府県で「野球を観るチャンス」をつくる

――野球の未来について、どう考えていますか。

私は独立リーグの人件費をNPBで見てもらって、そこからチームに派遣してもらうようにすればいいと思います。1チーム25人として、1億円もあればできます。

日本の社会人野球は「ノンプロ」と言っていますが、1社がお金を出しているプロチームという側面があります。こういうノンプロチームも、独立リーグも、全部地域のプロ球団にして、社会人と独立リーグでファームを再編成してはどうかと思っています。サッカーのJ2、J3のようなイメージです。ノンプロチームは企業が支援しています。都市対抗野球でも応援しているのは99%が企業関係者でしょう。プロ化することで地域の人みんなが応援するチームに変わります。そうしないと地域で野球をやる子どもたちの求心力にならないと思います。

今、NPBの球団がない地方では、地上波の野球放送はほとんどありません。もちろん、生でも観戦する機会はめったにありません。でも、独立リーグがある地域では、ローカル放送やラジオで情報を伝えます。野球を観るチャンスがある。

四国では、NHKのローカルニュースでNP

Bの結果のあとに、四国アイランドリーグｐｌｕｓの試合結果も放送するようになりました。そうなると球場に来ない人でも「おれたちの町にはこんなチームがある」と思うようになります。そういう状況を47都道府県でつくらないと、野球人口の減少は食い止められないのではないかと思いますね。

野球を子どもの頃から観たことがない人が増えています。私たちの世代と、20代以下の人の認識の差は想像がつかないほど大きい。今は、野球漫画を描く人はいますが、20年も経てばいなくなるんじゃないでしょうか。漫画のテーマから野球が外れて、どんどんサッカーやバスケになっていますから。

それに、野球のファッションはかっこよくなくなっている。私の友人の家電ブランド企業社長は、高校、大学と野球選手でしたが、「野球はオシャレじゃない」と言っています。今、巨人の帽子をかぶって町を歩いているのは、風采の上がらないおじさんばかり。でもニューヨーク・ヤンキースの帽子は世界中でファッションアイテムになっています。

そういうことを含め、いろんな「シナジー」がなくなっていることを実感します。それが全部なくなって、これ以上、野球がぼろぼろになってからサッカーやバスケと戦っていくのは大変です。

今年になって、ようやく野球界の人も「なんとかしなくては」と思いはじめたのです。野球の未来をともに話し合う会議ができたことに、少し期待が持てるようになりました。これからも地域、裾野の立場から、野球の未来に向けて発言をしていきたいと思います。

鍵山　誠（かぎやま・まこと）

1967年生まれ。九州産業大学卒業。株式会社セイア代表取締役。2005年、設立されたばかりの四国アイランドリーグのスポンサーとなり、のちに運営会社である株式会社IBLJの代表取締役。四国アイランドリーグplusのCEOを経て、2016年より四国アイランドリーグplus理事長。2014年から一般社団法人日本独立リーグ野球機構会長。

第4章

世界の野球に学べ

［寄稿］石原豊一　スポーツライター

この章はスポーツライターの石原豊一に執筆を依頼した。石原は私立高校の教師の傍ら、野球ライターとして活躍している。特に独立リーグや、海外の野球を取材し、近著『もうひとつのプロ野球』（白水社刊）は、アメリカ、日本の周辺に拡大しつつあるマイナーな野球リーグに密着し、野球観、価値観の違いなどを浮き彫りにした好著だ。海外のリアルな野球選手の実態を知る石原に、日本と世界の野球観の違いを書いてもらった。そのうえで、教育者としての視点も加えて処方箋を出してもらった。

「体育会」という異次元空間

「もう競技はしません。あんな思いはたくさんです」

某体育大学の推薦入試の面接。高校時代、それなりの競技実績を挙げ、その実績によって進学しようとした受験生の言葉がこれである。

エリート・アスリートの予備軍には、その卓越したスポーツの技量で進学を勝ち取りながら、その才能を開花せる場であるはずの大学で、アスリートであることを辞めようとする者が少なからず存在する。それも、体育系の大学でだ。「体育大学」と言えば、高校のトップアスリートが集い、各競技の名門クラブ、いわゆる「体育会」系クラブで切磋琢磨する場というイメージがあるが、現実には、体育会系クラブには所属せず、大学生活を送る者も少なくない。

「私もそのクチです」

そう言うのは、独立プロ野球リーグのスタッフのひとりだ。名門体育大学卒の彼女だが、高校卒業と同時にそれまで競技し続けていたバレーボールを辞め、「普通の女子大生」として4

年間を過ごした。

私の、「なぜ」の問いに、多くを語ることはなかったが、ポツリと漏らしたエピソードから、おそらくは青春時代の大半を捧げてきたであろうその競技の舞台から自ら降りてしまったわけを悟ることができる。

高校時代、彼女が所属していた強豪バレーボール部では、その手の部活の例に漏れず、厳しい規律が科されていた。この場合の「規律」とは先輩後輩の厳格な上下関係を指す。ハードな練習後、選手たちはシャワーを浴びる。その際、このクラブでは、後輩は先輩選手がシャワーを浴びるそのカーテンの後ろで、直立不動の姿勢でシャンプーとリンスを両手に持つことを強いられるのだ。そして、その先輩選手の要求に応じてそれらを手渡すのだという。今一度いうが、場所はシャワールーム。つまり後輩は、この役を素っ裸でさせられるのだ。多感なこの時期の少女にとってこれが屈辱的でないはずがない。これを1年間我慢させられた後は、自分がそれを後輩に命じることとなる。そんなとき、「いよいよ自分の天下だ」と思えるような人間こそ、「度胸のある」いい選手になる、というのが、日本のスポーツ界の「神話」なのだが、自分が受けた屈辱を他人に押し付けることに耐えられない、良識のある者はここで良心の呵《か》責《しゃく》に苛《さいな》まれることになる。私にはそういう人間のほうがよほど、良きアスリート、良き指導者になると思うのだが、「体育会」という世界ではそうはみなされないらしい。

高校時代、前途有望だったはずの彼女が、そのスポーツの技量を生かすべく進んだ大学で競技生活をあきらめた理由は、他にあるかもしれない。しかし、このことが競技生活を続けていく気持ちをなえさせたことを否定はできないだろう。大学に進んで、また「下っ端」からキャリアをはじめないといけないと思うと、別の青春を歩んでみたいと思うのは当然ではなかろうか。

「野球人」という特権意識

競技の世界での、先輩‐後輩関係を軸とするある種の支配者意識、特権意識は、人気スポーツにおいては、しばしば一般社会にも持ち込まれる。現状はともかく、これまで日本において一番の人気スポーツであった野球などはその典型例と言えるだろう。平成になる頃までは、野球部と言えば、学校のなかでもとくに運動の得意な生徒の集まる花形クラブだった。そのなかでも、強豪校と言われる学校の、それも主力選手となると、クラスメートからの羨望や女子生徒からのあこがれのまなざしを一身に受けていた。教師をはじめとする周りの大人も、多少のやんちゃや怠学には目をつぶり、それこそ蝶よ花よともてはやされて育った者も多かったはずだ。ふた昔以上前の甲子園常連校の野球部生徒が集まるクラスの授業風景は、ほとんど全員が机にとっ伏して昼寝しているなか、教師がひとりしゃべっているというものだったということや、定期試験前になると、野球部生用の「特別補講」が開かれ、そこで試験の問題と解説が行われるなどということを耳にしたことがある。つまり彼らは、競技に没頭するということ以外には、究極のモラトリアム状態に置かれていたと言っていい。このような環境でまともな人間が育つかどうか、議論の余地はないだろう。

もう何年前のことになるだろうか。京セラドーム大阪の上段スタンドでプロ野球を観戦中にこんなことがあった。

私の席から10段くらい下の席で男が立ち上がったため、マウンド上のプレーが見えないということになった。まあ、なにか用があるのかと思い待ったが、いつまで経っても座る気配がない。一緒のグループの離れた席の人間と話すために立ち上がっていたようだった。

あまりにその時間が長いので、こちらも一言、「すみません。座ってください」と声を投げた。距離があるので、なかなか声が届かなかったのだが、何度か繰り返すとついに声が届いたようで、男はこちらを見上げた。そしてこちらをにらみつけると、「なんか文句あるんか！　こっち降りてこい！」と怒鳴りつけてくる。

無論こっちは動かない。迷惑こうむっているのは当方なのだ。「見えないんで座ってください」と続けた。

男はさらにわめき、周囲に陣取っていた、自分と同じパンチパーマの中年男たちに「行っていい？　ヤってしもていい？」などと言いながら、私のもとへ一緒に押しかける人数を集めている。さすがに連中もそれには応じず、かといって、そのまま席に着くのはメンツが立たないとでも思ったのだろう。その男は肩をいからせながら私の席まで登ってきた。

「なんか文句あんのかい！」とすごむその男、年のころは40代半ばか。とにかく、立っているとプレーが見えないんで座ってくれとだけ伝え、取り合わないでいると、やがて、「今日はこれくらいにしといたるわ」と吉本新喜劇のギャグようなセリフを吐いて自分の席に戻っていった。

ちなみにその日は、ファイターズとの試合で、私の席のちょうど後ろで観戦していたのが、北海道から来た女性２人組だったのだが、騒動が終わった後、「なんか大阪って怖いね」というセリフが聞こえてきた。まさに大阪の恥というべき輩だったのだが、それ以上に始末が悪かったのは、この男のグループというのが、少年野球のチームだったことである。上段から見る分には、この男だけでなく、周囲の大人は皆同じようなタイプのようで、それを見て、私はこのような輩が子どもを指導していることにただただ驚いた。

なにもこれは特殊な事例ではないだろう。すべてとは言わないが、野球の草の根を支える現場で、このような風景は決して珍しいことではない。このような野球指導者の意識の根底に「野球人」としての特権意識が横たわっているのは間違いないだろう。

このようなゆがんだ「野球人」意識は、草の根レベルからトップレベルにまではびこっているのではないだろうか。

これも10年以上前のことになるが、プロ野球某チームのファーム球場での試合後、こんなシーンを目にした。遅れたチームバスを待つビジターチームのコーチにひとりのファンが声をかけ、これにこのコーチがしばし応じていたのだが、そのファンが去ったあとにポツリとこんなセリフを吐いた。

「あれ、俺、なに素人と話してんだろ」

選手時代、大した実績も残さず引退し、二軍コーチとして禄《ろく》を食《は》んでいたこの人物のセリフからも、野球界が一般社会から隔絶されていることがうかがえる。

世界の野球から――「マイナーリーガー」という社会人

こういう日本の「体育会系野球人」的特権意識というのは、他の国ではないように思う。野球の母国アメリカのことを考えてみよう。むろん、トップセレブリティである一流メジャーリーガーが、町中を普通に歩き、一般人と気さくに話をするなんてことはないだろう。彼らの住む世界は、一般庶民の生活空間とはかなり違ったもののはずだ。しかし、試合前、スタンドのファンとフィールドの選手が会話するという風景はメジャーでは決して珍しくないし、日本のプロ野球でも、日本人選手よりは来日する外国人選手のほうが、圧倒的に気さくにファンと接してくれる。

おそらく、日本のような「体育会」や「野球人」的特権意識を醸成する社会的背景はアメリカにはないのだろう。

価値観、趣味嗜好の多様性が保たれているアメリカでは、いかにメジャースポーツとは言え、野球の社会的地位は日本のように高くはない。ダウンタウンのビジネス街を行くビジネスウーマンに、たった2ブロック先にあるボールパークの場所を尋ねても、知らないという答えが返ってくることは決して珍しいことではない。

いくらドラフトの目玉とは言え、日本のように、高校や大学のアマチュアレベルで全国的な知名度の「にわかスター」になることはまずないし、一部の例外を除いて、ドラフト指名された選手は、プロとしての最初のキャリアをマイナーリーグで迎える。

ニューヨーク州のある田舎町では、選手たちは数マイル離れたホームステイ先から球場まで、自転車で通っていた。彼らの姿は普通の若者そのものだった。プロの裾野が広いアメリカだが、競技レベル的にエンターテインメントとして成り立つのは2Aくらいからである。このあたりだと、野球だけで食える選手もちらほら出てくるが、これ以下だと、野球シーズンが終われば、アルバイトに精を出さねばならない。つまりは、アメリカのプロ野球選手の大半は、半年近くは「一般人」として社会に居場所を確保しており、また、メジャーリーガーの多くも、若き日はそういう生活をしていたのである。

アメリカでは、メジャーリーガーと言えども、学卒後のキャリアを、プロ野球選手としてよりも、まず、一市井人としてはじめるのだ。

ある助っ人外国人の今

これはなにもアメリカに限ったことではない。

トミー・クルーズの名を覚えている人はもう多くはないかもしれない。1980年代に日本ハムファイターズで活躍したプエルトリカンだ。御年64歳になる彼だが、今年は台湾でコーチ業を続けている。

彼と私が知り合ったのは、もう数年前になる。カリフォルニアに住んでいる野球フリークの友人の家に数日転がり込んでいたときのことだ。彼のひいきチーム、ハイデザート・マーベリックスはシングルA級のカリフォルニアリーグに属していた。このクラスでも指導者には、元メジャーの主力選手がいることはザラで、この友人はスタジアムに足を運ぶたび、私にそういう往年のスター選手を紹介してくれる。そのスターたちも、ファンのひとりに過ぎないその男が連れてきた日本人に対して気さくに接してくれる。これがマイナーリーグの魅力でもあるのだが、日本の二軍の球場で果たしてこのような風景を目にすることはできるだろうか。

クルーズもそうで、この友人は内野スタンドしかない小さな球場で、「トミーは日本でプレーしていたんだ」と、試合前に彼を私に紹介してくれたのだ。

その翌日はゲームがなかった。

「今日はバーベキューだ。トミーも来るよ」

という友人の言葉をジョークと取っていた私は、数時間後に驚くことになる。本当にトミー・クルーズが妻を連れてやってきたのだ。

実に楽しい夜だった。日本時代のよもやま話と、アメリカでの指導者としての苦労話をひとしきりした後、私が、冬には彼の故郷であるプエルトリコに行くつもりだと言うと、電話番号を書いた紙片を渡してきた。

「家へ来いよ」

その数か月後、私は彼が故郷に立てた豪邸にいた。待ち合わせに指定された場所までの100キロの道のりを、日本球界のレジェンド助っ人は家族総出で迎えに来てくれた。その日は、クリスマスイブ。彼の邸宅には、彼の母親をはじめとする一族郎党が集い、飲めや歌えやの大騒ぎ。そのなかには、その全員がプロ野球選手となったクルーズ3兄弟の出世頭、メジャーで2000本安打を放ったホセ・クルーズもいた。その名は、地元アローヨの球場の名にもなっているが、その彼とて余生を暮らす今は、「普通の人」として暮らしている。メジャーで実績を残した彼でさえそうなのだから、日本でしか実績のないトミーは、地元のウィンターリーグでコーチをしていても、ユニフォームを脱げばまったくの「一般人」で、買い物をしているとき、声をかけられることはあっても、周囲から特別扱いされるようなことはなかった。

このことはラテンアメリカ共通のようで、確かに周囲より稼ぎはいいのだろうが、野球選手は、「野球を職業とする社会人」にしか過ぎない。クルーズにとって私は、国外の赴任先で偶然知り合った外国人といった程度の存在だろう。そんな人間を自宅に出迎えるというその行動からは、自分たちが特別な存在だという意識はまったくない。

一市井人としてのイタリア人野球選手

今度はヨーロッパに目を移してみよう。

昨年までオリックスで投げていたアレックス・マエストリの母国はイタリアである。彼は、あのサッカーの国にあって比較的野球の盛んなアドリア海に面した海辺のリゾート地・リミニで育ち、隣町の独立共和国・サンマリノでプロとしてのキャリアをはじめた。その時の月給300ユーロ。大学生の小遣いみたいな額だ。この国の「プロ野球選手」はみな同じようなもので、ナショナルチームの代表選手でさえ年収にすれば200万円にも満たない。だから、多くの選手が他に仕事を持っているし、なかにはノーギャラでとにかく野球がしたいからやっているという選手もいる。そういう彼らを支え、プレーの場を与えるのがクラブの役目で、地元企業からスポンサーを募り、ほとんど手弁当で球団の運営を行う。

だからプロを自称するトップリーグ、イタリアン・ベースボール・リーグ（IBL）でも公式戦が行われるのは週末のみ。ここでは、バスに揺られて、長ければ半日かかってやってきたビジターチームを、ホームチームは食事をもって出迎えるのだが、かつてのアマチュアリーグの時代は、日曜のダブルヘッダーの際には、第1試合と第2試合の間に長いランチタイムが設けられていた。さすがに、プロ化した後のIBLでは、その習慣はなくなったようだが、かつては、トップリーグでも、このワイン付きのランチタイムが延々と続き、第2試合はほとんど草野球のような風景になったらしい。私自身も二軍（IBL2）の試合の際には、このランチに招き寄せられ、クラブのスタッフ、支援者が腕に撚《よ》りをかけて作ってくれたパスタやピザをワインで胃袋に流し込んだ。

このような環境のもとで育った選手たちは、特権意識など持ちようもない。マエストリは、プロ生活2年目に行われた第1回WBCでの好投がスカウトの目にとまり渡米、その後、日米の独立リーグを経てオリックスに入団したのだが、彼の自己規定が一市井人以上のものに決してならなかったことは、彼の姿勢から十分にうかがうことができる。

私が彼と最初に話をしたのは、オリックス入団前、アメリカの独立リーグから故郷の球団、リミニに戻り、次のステップの場を四国アイランドリーグｐｌｕｓに求めた時のことであった。私の質問に丁寧に答える彼は、まさにナイスガイで、前出のコーチ氏のいう「素人」であるファンに対しても常に気さくに応じていた。

その後、彼には何度か顔を合わせたが、私のことを覚えていてくれ、気軽に話をしてくれた。地下鉄の駅でばったり出会い、「これから三ノ宮（神戸市内の繁華街）に出て、映画でも観ようと思うんだ」と笑う彼の姿は、野球選手である前に、日本に仕事をしに来ている一外国人のそれであった。だからこそ彼は、居を構えた港町・神戸で、日本に働きに来ている外国人コミュニティにも、「普通に」なじみ、そこで知り合ったアルゼンチン人の女性と結婚することになった。オリックスを自由契約になったタイミングでのゴールインだったが、マエストリ自身にも野球選手という稼業はそんなもんだという思いがあり、新妻にも「プロ野球選手」も所詮は日本での出稼ぎのひとつだというくらいの認識しかないのだろう。要するに、彼女には、あわよくばと若いプロ野球選手を追っかけまわしている一部の若い日本人女性のような打算はないのだ。

あくまで「職業」として野球を選んだマエストリは、２０１６年シーズンは独立リーグの群馬ダイヤモンドペガサスを次の働き場として選んだが、シーズンがはじまる前にオファーを受け、新妻を連れて渡韓することになった。

日本のスポーツ界に巣食う病

こうやって筆を進めていくうちに、学生時代のある出来事を思い出した。

私は、中高一貫の私立校で青春期を過ごした。運動が苦手だった私にとって野球部員はある種特別な存在であった。昭和の終わり、中高の野球部というのは、興味があるから入るといったものではなく、小学生時代からスポーツ少年団やリトルリーグに入っていた「エリート」が入部するところではなかったか。そういう時代、あの時代錯誤の坊主頭は、同年代の「普通の」学生にとって畏怖の対象でもあった。

母校の高校野球部は、かつては甲子園でも優勝したことがあったが、進学校化した私の在籍当時はすでに往時の面影はなくなっていた。それでも、強豪時代の意識は部員の間に残っていたようで、昼休みに校庭を歩いていると、よく怒鳴られたものだ。建物越しに張られた防球ネットにティーバッティングをする熱心さは褒められたものだが、この時間、その前を他の学生が通るのは当たり前のことで、その学生たちを野球部員は練習の邪魔だと恫喝していたのだ。

「こら、邪魔や！　どけ！」

彼らは、学校のグラウンドは自分たちのためにあるのだと思っていたようだった。中学生だった私は、いかつい高校生の傍若無人な態度に、ただただ驚き、そして恐れた。その後、高校生になり、自分のクラスメートが出場するまで野球部の応援に行かなかったのは言うまでもない。

そういえば、当時、野球部が練習する校庭のバックネットを親が寄付したという同級生には、カンニングの噂が絶えなかった。教師でもある野球部の監督が担当するその科目の試験で、見回りに来たその監督が、解答に悩むその生徒の机に指で答えを書いていたらしい。

「そうじゃないだろ」

といらつくその教師のダミ声が教室に響き渡っていたことは同学年の生徒なら誰もが知っていた。なんでも、そのお金持ちのドラ息子は、事前に試験問題と解答を提供してもらいながら、それすら覚えず試験に臨んでいたらしい。それにしても、多数の生徒がいる前で、この監督さんも恥ずかしくもなく、カンニングの手伝いなどできたものだ。このあたりの感覚のずれも、特権意識のなせるわざなのだろう。

昨今、「元野球部員」であるプロ野球選手の不祥事が世間を騒がせている。薬物騒動を起こした元名選手も、賭博騒動を起こした二流選手もともに、以前から素行面では大いに問題があったそうである。その後の球団、連盟の対応は、選手の行状とともに世間の常識とはずいぶんかけ離れたものであった。私はこれらの要因をすべて「野球部体質」に向けようとは思わない。社会のなかでリーダーシップを発揮している「野球人」も数多くいるからだ。しかし、一方で犯罪に手を染めないまでも、「野球人」であることを自称し、それゆえに社会の常識から逸脱した傍若無人な振る舞いを、むしろ是として行う者が多いことも確かである。それを見るにつけ、私は野球界だけでなく、日本のスポーツ界に蔓延《はびこ》るある種の病巣を感じずにはいられない。

「体育会病」への処方箋

ここまで私が世界の野球に触れた経験を踏まえての日本野球界、というよりスポーツ界の問題点と思われるところを指摘してきた。本書の趣旨は、日本野球界の問題点を指摘し、その処方箋を示すことにあるという。そのようなわけで、机上の空論という批判を覚悟の上で、私なりの処方箋を示したいと思う。

学校中心のスポーツのあり方を変えるという考え方もないではないが、現在の日本のスポーツの草の根が学校のクラブ活動に委ねられている現状を考えると、学校におけるアスリートへの教育を立て直す必要があると私は考える。

これはある元日本人マイナーリーガーから聞いた話なのだが、アメリカの大学野球部では、競技力にかかわらず、一定の学業成績を残していないとベンチ入りもかなわないらしい。このような環境の下では「スポーツ・バカ」は生まれにくいだろう。学校スポーツは、あくまで競技者が学生であることが前提である。つまり彼らはアスリートである前に学生であるべきなのである。

現在の日本では、義務教育後の学校における単位認定は当該校に委ねられている。高校にせよ、大学にせよ、一旦入学させた学生に卒業単位を与えるかどうかは学校の匙加減ひとつで決まる。高校レベルの教育課程を受けたか、大学生として相応しい学力をつけたかどうかは、現状のシステムでは二の次になっている。数年前、中学初級並みの英語のカリキュラムを組んだある大学が文科省に小言を挟まれたということがあったが、これはあまりに極端な例だったから俎上に乗っただけで、実態は一定レベル以上の高校、大学以外では状況は似たようなものだろう。要するに学生が単位をとれるように学校側がハードルを下げるのである。このような教育の現状の下で、日本のスポーツ界では学歴相応の知力・良識を身につけない「スポーツ・バカ」のエリート・アスリートが増殖してきた。競技以外には究極のモラトリアム状態に置かれていたのだからある意味仕方がない。

これはプロ野球選手を輩出している某有名大学の野球部の話だが、ある選手は、卒業論文をマネージャーに書いてもらっていたという。ここまでくると、卒業認定取り消しのレベルである。この大学はスポーツ以外でも「名門」とされる高偏差値大学なので、おそらくこの元野球部員は、現在は社会でそれなりの地位についていると思われるが、このような人間が、本当の意味でまともな社会人になっているとはとても思えない。おそらくは、「体育会気質」を職場でも、野球部の後輩にも伝えていることだろう。

しかし、このような件に関して大学に自浄作用をもとめるのは無理があるだろう。学校も「商売」で学生を受け入れている以上、教育課程を無事修了させ、進路を確保させなければならない。進路を確保した野球部員の卒業論文を叩いて埃を出したところで、本人、大学双方に何のメリットもない。

このような現状を前にして、私は、高校・大学の学生に対し全国一律の「卒業認定試験」を実施することを提案したい。これによって、少なくともアスリートと言えど、一定水準の学業成績を収めねばならなくなるので、午前中は教室で睡眠、あとは寝るまで野球というような、学生としての原理原則から外れた競技生活は送りにくくなるだろう。一流アスリートと言っても、競技力だけで飯が食えるのは人生のひと時だけである。昨今、様々なところで議論されているセカンドキャリアのことを考えても、アスリートに学歴相応の教養を身につけさせることは、彼らに自分たちの存在が一般社会の一部であることを体感させる意味でも必要ではないかと思う。

石原豊一（いしはら・とよかず）

1970年生まれ。上智大学文学部卒、立命館大学大学院国際関係研究科修了。博士国際関係学。日本スポーツ社会学会、日本スポーツ産業学会、スポーツ史学会、日本アフリカ学会会員。著書に『ベースボール労働移民　メジャーリーグから「野球不毛の地」まで』『もうひとつのプロ野球　若者を牽引する「プロスポーツ」という装置』などがある。

野球には
100年かけて築いた文化がある。
人気と力があるうちに、
「地域資産」として再生を！

◉インタビュー

大西 宏（おおにし・ひろし）

ブロガー／コア・コンセプト研究所代表取締役

マーケティングの専門家、そして「BLOGOS」でも人気のブロガーとして、マーケティングから政治、経営まで幅広く発言をしている大西宏は、大のスポーツファンであり、野球やラグビーなどへの提言も多い。マーケティング的に見て、野球の未来は明るいのか？　どんな方向性が考えられるのか？　忌憚のない意見を聞いた。

野球はテレビや新聞に似ている

——大西さんは、これからのスポーツは、どのような方向に進むべきだと考えていますか？

本来、スポーツは地域に根ざすものだと思います。地域社会にスポーツをやる施設があって、そこを原点としてアマチュアスポーツやプロスポーツが発展するものでしょう。

ニュージーランドでは、ラグビーが盛んですが、高校のラグビーチームは12軍もあります。1〜12軍まで、みんなリーグ戦をやっているわけです。地域エリアの代表戦になると地域ぐるみで応援します。そこで選ばれている選手はまさに地域のヒーローなんですね。

アメリカでもそうです。野球も他のスポーツも地域の小さい子どもから大人までがシームレスに親しんでいて、そのなかからプロが出てくる。

プロになれば移籍もあるが、基本的にスポーツは地域に根ざしている。それがスポーツのあるべき姿なのではないでしょうか。

——プロ野球はそういう方向には向かっていませんね？

そう、日本では、プロ野球は基本的に各企業のツールでした。特に讀賣新聞の拡販ツールでした。それをテレビの全国中継が支えてきたのです。地域スポーツとは無縁の形で、日本のプロ野球は発展してきました。

見方を変えれば、地域スポーツの発展をプロ野球が阻害してきたとも言えます。これは、日本のスポーツの貧困を象徴しているのではないでしょうか。そのあげくに、今、放映権ビジネスが消滅し、プロ野球は曲がり角を迎えています。これまでのビジネスモデルが崩壊しつつあるわけです。日本では、多くの産業が今、同じような状況になっています。

プロ野球のビジネスモデルに一番近いのはテレビじゃないでしょうか。アメリカ合衆国のオンラインＤＶＤレンタル及び映像ストリーミング配信事業会社ネットフリックスのリード・ヘイスティングスＣＥＯが、「テレビの賞味期限はあと20年か30年」と言いましたが、テレビ業界には明らかに新規参入が出てきています。アマゾン、ネットフリックス、ｈｕｌｕ《フールー》。彼らはすでに番組を作って配信し、視聴者を獲得しています。やがて彼らが取って代わるだろうと思います。

また、新聞もプロ野球と似ています。全国紙は地域に根ざしていません、地方に行けば地方紙がありますが、日本では全国紙が圧倒的な力を有しています。しかし販売部数は下がり続けています。その新聞が、プロ野球を国民的な人気スポーツにしたわけですから、体質的に似ているのは当然ですが。

プロ野球もテレビや新聞と同様、このまま何もしなければ、消滅の道を歩むと思います。それに代わるようなスポーツを日本は生み出せるかどうか。

日本のゆがんだスポーツ教育は文部科学省のせいだ

――一方で、高校野球は地域に根ざしているように見えますが？

確かに、高校野球は、地域で応援するスポーツとして発展してきました。この文化は日本各地に根づいています。野球人口は減っているようですが、なかなか消えはしないでしょう。

でも、今の高校野球は実質的にプロスポーツ化しています。そもそも各地の有力私立高校には地元の選手がいません。どの地方の高校にも大阪出身の選手がいて主力になっています。そうなると、地元でも応援しようとする気持ちが薄れます。高校野球は、アマチュアだと強調しますが、プロ化していることへのコンプレックスの裏返しではないでしょうか。

それに指導者のレベルが低すぎる。選手はいまだに丸刈りで、コーチは選手に罵声《ばせい》を浴びせる。炎天下にじっと立たせる、というような何の意味もないトレーニングを延々とさせる。アマ野球の人は野球を武道だと思っているんでしょうね。

しかし、根性を強調するスポーツは、厳しい局面で一番情けない姿をさらけ出すものです。オリンピックで日本がなかなかメダルを取ることができなかったのは、その最たるものでしょう。

昔のラグビーもそうでした。私はラグビーのコーチを長年やってきました。ラグビーの指導も、昔は暴力的で理不尽でしたが、30年ほど前から改革をやって、それがようやく実を結びつつあります。だからラグビー日本代表も強くなったんですね。みんな協会で講習を受けました。教えているのはみんな手弁当のボランティア、それどころか部費を払っているくらいです。時間はかかりましたが、ラグビーの指導環境をよくしようと思ったのです。

野球はそういう兆しはないですね。基礎的な技術や体力のつけ方とかを、専門的、体系的に教える方向にいかないとダメでしょう。

サッカーは、Jリーグ発足後、野球を反面教師にして、組織運営も指導法も大きく変化しました。確かにスポーツの在り方を変えてくれるかもしれませんが、サッカーひとつではだめかもしれません。他のスポーツも変わっていかないと、全体の変革は難しいかもしれないですね。

――日本のスポーツのゆがんだ現状は、どこに原因があるのでしょう?

文部科学省だと思いますよ。学校教育がおかしいんです。日本の教育では、中学から単一のスポーツしかさせない。何を考えているのかと思います。

うちの息子は中学時代、日曜日はクラブチームでラグビーをしていました。しかし中学ではラグビー部がなかったのでバレーボール部に入りました。でも、土日はラグビーをやりたかったのですが、「土日にバレーの練習に出てこられいのなら辞めろ」と、バレー部を辞めさせられてしまいました。そこで、息子は仕方なく、スポーツをやる施設をさがしてYMCAでバスケットボールやりました。

いろんなスポーツをやりたいと思っている若者はたくさんいます。でも、それができないんです。日本のスポーツ教育はめちゃくちゃですね。

野球を「地域資産」として再生しよう

――この状況を打開するカギはどこにあると考えていますか?

日本のスポーツ再生のカギを握るのも、やはり野球、そしてサッカーでしょう。

野球は100年以上前から、日本人に親しまれ、地域で応援する文化が根づいています。どんな地方に行っても、立派な球場があります。

日本社会は、野球、スポーツにずっと投資をしてきたわけです。でも回収できていない。「資産を生かす」という発想が薄いんです。「地域おこし」をやるときには、文化資産や農業がカギになります。地域のコンテンツは、少し磨けば地域おこしにつながるんです。日本人は、そうした「地域資産」を生かすのが得意ではないのですが。野球、野球場も地域資産として存在しているはずです。その資産の劣化を防ぎ、活用するという発想が薄いですね。

成熟社会の現代は、資産をどう活用するかという時代になっている。地域の野球場、野球文化を地域資産として生かしていくような発想の転換があっていいのではないでしょうか。

アメリカでは、大学そのものがすごいスタジアム持っていて、そこで十何億もの収益を上げています。アメリカン・フットボールの大きな大会があるときは、町の人はどこへ行ったというくらいスタジアムに人が駆けつけます。町がこぞって応援しているんです。日本でも、地域の人が、テレビじゃなくて球場に行って野球を観るようになれば、日本のスポーツの在り方は変わると思うのです。そのためのやり方って簡単じゃないかと思うのですが。

四国に野球チームを作って、次は北陸という形で、全国に野球チームを作って、地域の代表として戦えばいいのです。そうなれば、日本中が盛り上がります。当然、プロアマ規定も撤廃して、あらゆる地域にチームがあるという状況をつくらないといけないですね。

それから日本のプロ野球がダメなのは、入れ替えがないことだと思います。入れ替え戦をやったり、セ・パの1、2位をスワップしたりするようにしたら面白いと思います。

こういう形で、野球が地域に本当に根ざした球団になり、立ち直ったら面白いと思います。今も申し上げた通り、日本には野球資産の蓄積がありますが、時間が経てば劣化していきます。また野球ファンも高齢化していきます。20年、30年経って、あの時にやっておけばといってももう手遅れです。

野球に人気があって、力があるうちに、地域に根ざした改革を推進すべきでしょう。

大西 宏（おおにし・ひろし）

1947年大阪府生まれ。京都大学卒業。広告代理店勤務を経てコア・コンセプト研究所、株式会社ビジネスラボを設立。マーケティング・コンサルティング、ビジネスソフト開発を展開。ブログ「大西宏のマーケティング・エッセンス」は、「BLOGOS」にも転載され、その発言は注目を集めている。

第5章

サッカーに学べ

ライバル不在だった昭和時代

野球は旧弊で、人権意識が希薄で、強圧的で、時代に取り残されつつある。しかし、それだけでは昨今の「野球離れ」は説明できない。他に選択肢がなければ、野球はそれでも唯一無二の存在であり続けただろう。

昭和の時代、野球の牙城を脅かすような存在は皆無だった。

ナショナル・パスタイムと言われるスポーツには、野球のほかに大相撲があったが、1970年代、プロ野球の観客動員がすでに年間1000万人を超していたのに対し（現在は2400万人超）、大相撲は130万人ほど。放送時間も野球とはほとんど重ならず。大相撲ファンは、野球ファンよりやや高齢ではあったが、両方を愛好するファンも多く、競合関係にはなかった。

60年代まではプロレスがゴールデンタイムでプロ野球と視聴率競争をしていたが、プロレスがスポーツのカテゴリーを外れ、テレビや新聞のスポーツ欄で報道されなくなって以降は、ライバルではなくなった。

昭和の時代まで、体格がよく、運動神経のよい子どもが「スポーツで飯を食う」手段は、ほぼプロ野球に限られていた。

「オリンピックで日本が弱いのは、優秀な人材がみんな野球に行ってしまうからだ」と言われたのもこのころだ。

時代は下るが、大阪市内の私立高校のバレーボールのある指導者は、小学校時代からダルビッシュ有に注目していた。ずば抜けて背が高く、運動神経も抜群だった。試合に連れていき、食事もしたが、結局彼をバレーボールに引き入れることはできなかった。「ま、来てくれると思うほうが甘いんでしょうけどね」と、彼は自嘲気味に語った。

そうした状況に変化の兆しが見えたのは、1993年のことだ。この年の5月15日に発足したサッカーのJリーグが、日本のスポーツ界の地図を大きく変えたのだ。野球界には今に至るも危機意識は乏しいが、「野球離れ」はこの瞬間にはじまった。

Jリーグの誕生

日本サッカーのトップリーグは1965年に発足した日本サッカーリーグだった。日本サッカーの生みの親と言われたデットマール・クラマーの提言で、リーグ戦がスタートした。当初は大学なども加わるはずだったが、最終的には企業チーム8チームでスタートした。

1968年、メキシコ・オリンピックでサッカー日本代表が、釜本邦茂らの活躍で銅メダルを獲得すると、日本サッカーリーグは脚光を浴びた。しかしブームは長続きせず、以後、観客動員は低迷する。60年代から70年代にかけて、オリンピックで活躍が際立ったバレーボールなどと比べても、サッカーはマイナースポーツの扱いだった。

1984年のロサンゼルス・オリンピックでプロ選手に門戸が開かれてから、世界のスポーツ界は一気にプロ化へと動き出した。また1986年には、日本人初のプロサッカー選手として西ドイツの1FCケルンやヴェルダー・ブレーメンで活躍した奥寺康彦が古巣の古河電工に復帰。日産の木村和司とともに国内初のプロ選手（当時の名称はライセンス・プレイヤー）となった。

サッカー界にもプロ化の波がひたひたと寄せてきたのだ。

こうした状況を受けて、日本サッカー協会内に活性化委員会ができた。一次、二次の委員会を経て、1989年6月には、プロ化を前提としたプロリーグ検討委員会が発足した。

委員会の会長には当時古河電工に在籍していた川淵三郎が就任。川淵は当時、日本サッカー協会副会長だった長沼健の支持を得て、改革を推進した。

川淵は（当時、日本サッカーリーグの一員だった）讀賣新聞の幹部から、「50年の（歴史がある）プロ野球ですら難しいのに、絶対やめなさい」と言われたと言う。

しかしプレゼンテーションを重ねるなかで、日本サッカーリーグに所属する大企業の多くが、新たなプロリーグ（当時はスペシャル・リーグと称した）に参加の意向を示し、Ｊリーグは具体化した。

１９９０年に定められた参加条件は以下のとおりである。

１．参加団体の法人化

●この組織に参加する団体は、法人格を持つものとする。

２．フランチャイズ制の確立

●参加団体は、トップチームのホームゲーム全体の80％以上を開催し、さらにファームチーム、２種（19歳未満）、３種（16歳未満）、４種（13歳未満）チームを含めた練習及び選手育成の施設があり、サッカー競技の普及活動を行える地域（都道府県・市町村）を持つものとする。

３．スタジアムの確保

●リーグ戦、カップ戦の日程に合わせ、自由に使用できる1万５０００人以上収容可能で夜間照明設備のあるスタジアムを確保しなければならない。

４．チーム組織

●参加チームは、トップチーム及びファームチーム、２種、３種、４種チームを保持しなければならない。

5. 選手、指導者のライセンス

●日本プロサッカー・リーグに参加する団体は、選手・指導者に関して以下に定めた（省略）条件を満たさなければならない。

6. 分担金の供出

●各団体は、日本プロサッカー・リーグ「Jリーグ」の設立、発足、並びに広報活動を行うにあたり、指定の額を分担するものとする。

7. 参加希望団体は、（財）日本サッカー協会の指示、決定に従わなければならない

その萌芽《ほうが》の時点で、Jリーグは選手育成のシステムと、選手、指導者のライセンス制度を有していた。さらに、各チームを統括する強いガバナンスが存在した。

これはプロ野球がいまだに持ちえないものである。

「サッカーのため」だけでなく

非常に重要なことは、Jリーグはその発足の段階から「事業化」を目的としたのではなく、「競技レベルの向上」を目的としていたことだ。

Jリーグ発足の記者会見で、スポーツライターの玉木正之は、設立準備委員会委員長だった川淵三郎に、「Jリーグは何をする団体ですか」と聞いた。

川淵は即座に「サッカーをする団体です」と答えた。

玉木は「これまでスポーツで金もうけをすることを目的とする団体は数あったが、純粋にスポーツをすることを目的とする団体ははじめてだ」と驚いた。

川淵らJリーグ創設時の首脳陣は「日本のサッカーを強くする」ために事業化を推進した。そしてその先に「スポーツでこの国を豊かにしたい」という理想を掲げていた。

日本は、経済的には繁栄したが、市民の生活への満足度はそれほど高くない。そういう市民にスポーツを通して「幸福度を高めたい」という信念が根底にあったのだ。

川淵は地方自治体などにプレゼンテーションをする際に「サッカー振興」という言葉は使わずに「地域振興」という言葉を使ったという。「Jリーグはサッカーのために」「サッカーは人々の幸福のために」という明確な考え方が存在したからだ。

その信念は、絵空事ではなかった。Jリーグがスタートしてのちに発表された「Jリーグ百年構想」、そして2014年に打ち出された「グラスルーツ」などは、サッカー界が「本気で日本のスポーツを変革しようとしている」ことを世間に知らしめた。

野球とサッカーの決定的な違いは、究極にはここにある。

野球は、プロ、アマ、それぞれの団体が、新聞社や一般企業の思惑に乗ってアメーバ的に発展してきた。そこには「理念」も「理想」も「将来像」も存在しない。

サッカーも従来は企業スポーツの域を出なかったが、Ｊリーグ発足時にコンセプトを打ち出したことにより、明確な目的意識を持つようになった。

その道は平たんではないが、「理想」を持つものと目の前の「現実」しかないものの差が、大きく開きつつあると言ってよい。

プロ野球は反面教師

Ｊリーグのマーケティング、広告面を受け持ったのは広告代理店の博報堂だ。「Ｊリーグ」のロゴマークなどのコミュニケーションツールは、昭和から平成にかけて「としま園」など様々な広告キャンペーンで一世を風靡したクリエイター・大貫卓也の手によるものだ。

川淵三郎と博報堂は、先行するプロリーグであるＮＰＢ（日本プロ野球機構）を研究した。リーグ運営のノウハウなども取り入れたが、同時にはっきりとした差別化も打ち出した。

端的な例が「言葉」である。Ｊリーグはプロ野球との差別化のため、従来使われている言葉を極力使わず、なじみがなくてもヨーロッパサッカーで使われている言葉をあえて使用することにした。「フランチャイズ」は「ホームタウン」、「ファン」は「サポーター」、「遠征戦」は「アウェー」。さらにはリーグの責任者も「コミッショナー」「プレジデント」は使わずに「チェアマン」とした。

こうした「言葉」へのこだわりからも、「プロ野球とは異なる新しいプロスポーツを創ろう」というJリーグ関係者の意気込みを感じることができる。

（このあたりは、川淵三郎に直接話を聞いた。川淵のインタビューも参照していただきたい）

Jリーグ百年構想

1993年5月15日にスタートしたJリーグは、日本にサッカーブームを巻き起こした。当初10チームでスタートしたチーム数が16まで増えた1996年、Jリーグは「百年構想」を打ち出す。

Jリーグ百年構想　スポーツで、もっと、幸せな国へ。

・あなたの町に、緑の芝生におおわれた広場やスポーツ施設をつくること。

・サッカーに限らず、あなたがやりたい競技を楽しめるスポーツクラブをつくること。

・「観る」「する」「参加する」。スポーツを通して世代を超えた触れ合いの場を広げること。

これは、Jリーグ創設以来の理念をさらに発展させたものと考えてよいと思う。

重要なのは「サッカーに限らず」という言葉ではないか。

スポーツは、現代人が健康で文化的な生活を送るうえで必須のものであり、国民は等しくこれを享受する権利がある。そのスポーツを地域に根づかせ、スポーツを通したコミュニティを創り、そのうえでプロチームを生んでいく。

Jリーグは、そういう理念のもとに全国に拠点を広げ、チーム数を増やしている。サッカーの勢力図を大きくしたいという「野心」や、収益を得たいというビジネス志向が先行するのではなく、「人々にスポーツを届けたい」という公共性の高い目的を第一に掲げている。

事実、新潟ではJリーグに所属するアルビレックス新潟に加え、野球の独立リーグ（BCリーグ）新潟アルビレックス・ベースボール・クラブ、プロバスケットボールチームの新潟アルビレックスBB、女子バスケットボールの新潟アルビレックスBBラビッツ、スキー・スノーボードのチームアルビレックス新潟、陸上競技の新潟アルビレックスランニングクラブなどが創設されている。それぞれの資本構成は異なるがグループを形成している。「百年構想」の「あなたがやりたい競技を楽しめるスポーツクラブ」を創るという理念を現実化しているものということができよう。

プロ野球の牙城に迫るJリーグ

1993年の創設以来のJリーグとプロ野球（NPB）の観客動員の推移を見ていこう。2004年までのNPBの観客動員は、実態ではない。球団ごとに発表する数字を積み重ねたものであり、信ぴょう性はない。ただ、それでも全体の傾向はわかる。

Jリーグは発足から実数を発表している。

華々しく発足した当時はブームにもなったが、以後、数字は急落、ここから這い上がってきている。

1998、2002、2006、2010、2014年のワールドカップの影響はあまり数字には反映されていない。

長いスパンで見ると、NPBは2000万から2500万の間を上下しているのに対し、Jリーグは1000万に迫ろうとしている。

この数字を見る限り、JリーグはNPBのファンを奪ったのではなく、独自にファン層を開拓し、NPBの半分に迫る観客動員を達成したことがわかる。

■NPBとJリーグの観客動員推移

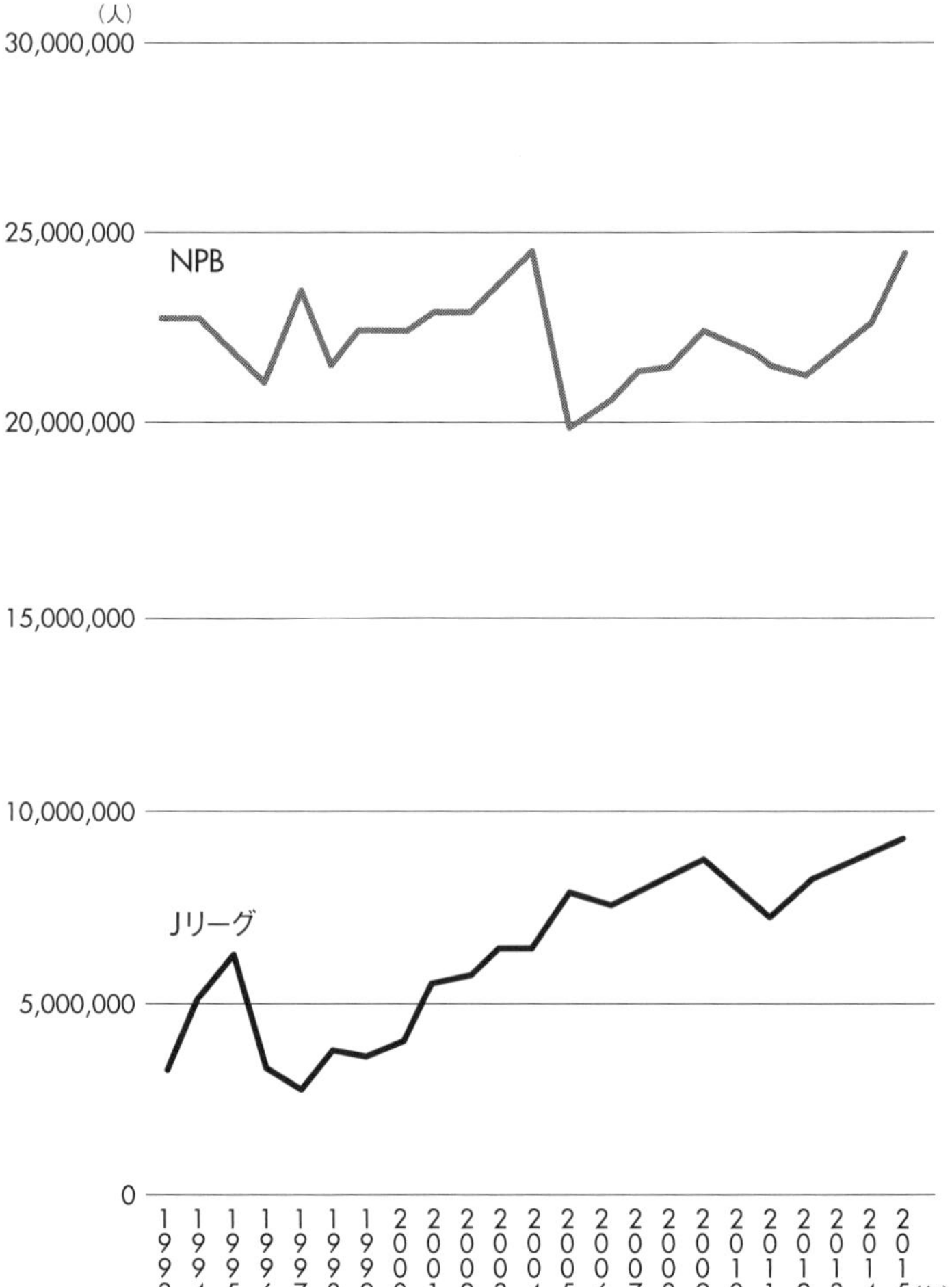

Jリーグの創設時、すでに50年以上の歴史があったNPBの牙城に22年で迫ったこと自体、偉業だと言えよう。

子どものうちにサッカーファンにする

JリーグがNPBよりもはるかに優れているのは、次代の競技者、ファンとなる子ども層へのアプローチだ。

第1章でも紹介した笹川財団が出している「子どものスポーツライフデータ」。4歳から19歳の男子に、複数回答で「この1年間に行ったスポーツ」について聞いている。

おにごっこや自転車遊びなどの遊戯も混じっているが、そのなかで主要な球技であるサッカー、野球、ドッジボール、バスケットボールについてのデータを抽出した。

サッカーはすでに4歳で29・4％の子どもが経験している。もちろん、球蹴り程度のごく初歩ではあるが、非常に早い。

地域クラブなどに通わせる親もいる。家で父親が一緒に遊ぶケースもある。

サッカーは、幼児の段階からの指導プログラムが確立している。段階を踏んで少しずつサッカーを理解する流れができている。

■4〜19歳男子がよく行うスポーツ（2012年）

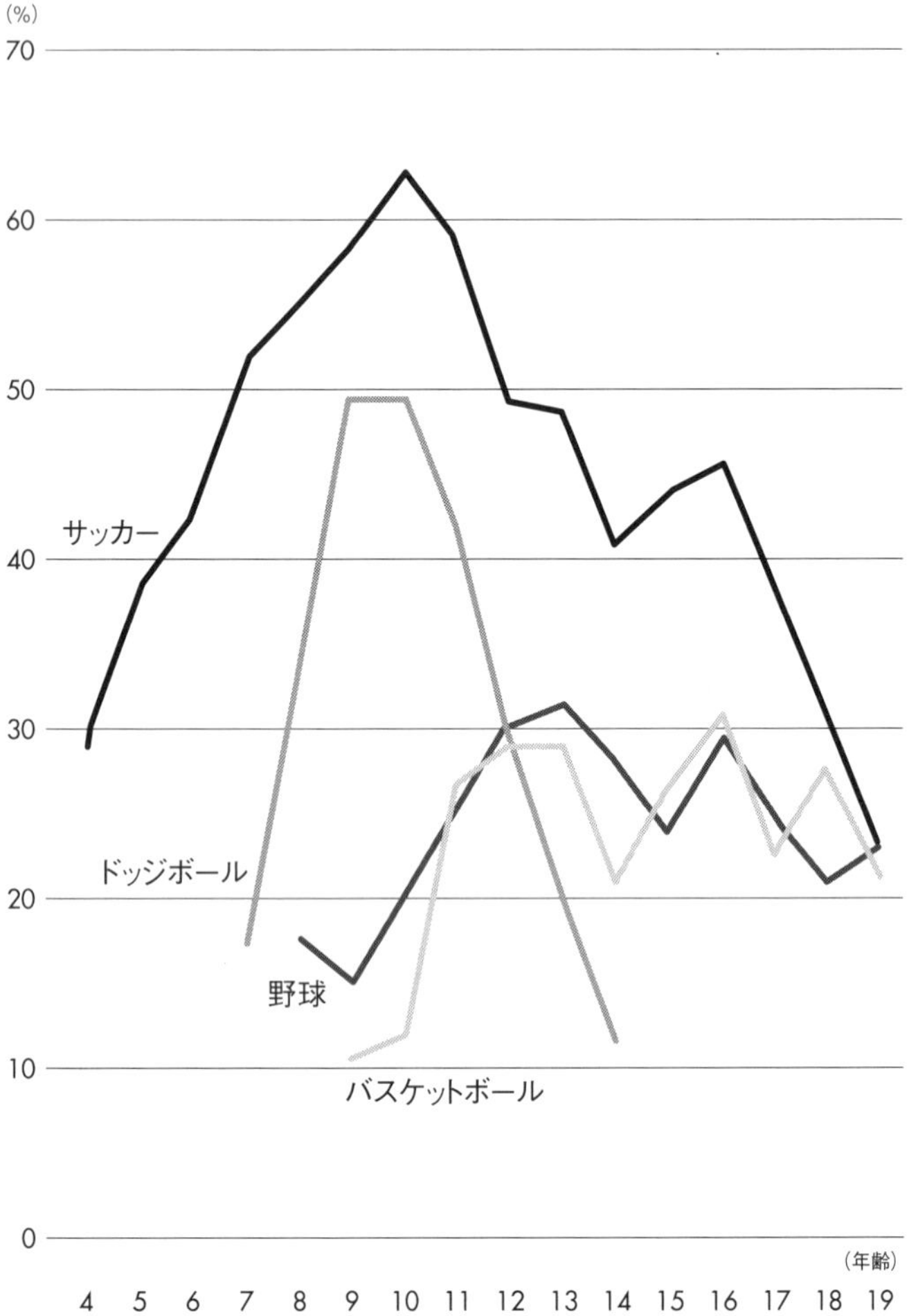

※笹川スポーツ財団「スポーツライフ・データ」より

小学校に入る7歳になると、ドッジボールをはじめる。これは今も昔もまったく変わらない。小学生の球技と言えばドッジボールだった。

野球はようやく8歳から数字が出はじめる。リトルリーグは4歳からと言っているが、実際にはだいたい9歳くらいから入団できる。この前後から経験者が増えているのだ。

しかし15～20％の子どもがようやく野球を経験しはじめる8～10歳の時期には、すでに6割以上の男子がサッカーをしている。この差は圧倒的だ。そして少し遅れてバスケットボールが急速に台頭するのだ。

２０１５年、バスケットボールは10代で2番目に経験者が多い球技になったが、それはこのグラフからでも察することができる。中学生になるとドッジボールは急激に減って消える。これも実感できる。中3になってドッジボールをしている子は昔からいなかった。この時期になるとサッカーの比率が下がり、野球やバスケとの差が縮まってくる。

部活がはじまり、子どもたちは様々なスポーツを経験するのだ。卓球、バトミントン、水泳なども数字が出てくる。

17歳以降はサッカー、野球、バスケは減少していく。高校、大学になると、さらに多くの選択肢ができて、経験するスポーツの票は割れていくのだ。

しかし、幼いころに慣れ親しんだ「サッカー」の記憶はなくならない。

私の時代は、中学生くらいまで、学校以外でやる球技と言えば、ドッジボールか野球しかなかった。サッカーはやった記憶がない。現在40歳以上の人はそうではないか。

そういう世代は、子どもの頃に「野球の身のこなし」が染みついている。気がつけば、なんとなく投球モーションや打撃フォームの格好をしていたりする。そういう人間にとって「野球」は、空気のようなものだった。「野球気質」のようなものが、知らず知らずに醸成されていたのだ。

今の多くの子どもは、それが「サッカー」に置き換わっている。「サッカー気質」に変わっているのだ。

天と地ほど違う指導法

高知新聞の連載「激減！　県内少年野球」には、高知県サッカー協会に、日本サッカー協会から年間1000万円が交付されていると書かれている。高知県サッカー協会は、その交付金をもとに底辺拡大の活動をしている。

少年野球が経済負担に加えて、親に多大な労役の負担をかけるのに対し、サッカーは子どもを預かれば、そうした予算の背景もあるので親にそれ以上の負担はかけない。

それどころか、高知でサッカーの普及活動をしている高知大学の学生は、小学生の勉強を見るなど、家庭教師のようなことまでしているという。

指導法も対照的だ。

サンケイスポーツ記者の須田雅弘は、2016年4月22日付でこんなコラムを書いている（抜粋）。

記者自身、小3で少年野球チームに入り、大学まで続けた。本心は息子にも野球をやらせたく、ある日少年チームの体験会に参加させた。だがその時、サッカーをやるときと同じ笑顔を長男に見ることはできなかった。

体験会を再録する。まず「集合！　ちゃんと並んで！」。複数の年配のコーチの厳しい言葉が響く。その後も「順番守って」「君はまだだよ」。そんな声かけばかり。列が整わないと、ボールを投げられないしバットも振れない。実際に野球に触れる時間は短かった。

一方、後に参加したサッカー教室。若いコーチは「僕の名前はバナナ。バナナコーチと呼んでね！」。大受けだ。その後のミニゲーム。何とコーチは動物の着ぐるみで登場し、見事なドリブルシュートを決めた。お母さんたちも大喝采だ。

この教室は、日本でも有数の歴史あるサッカースクールが開催した。この「ユルさ」に、底辺拡大への意識の高さを感じた。競技への興味を引かせるため、試行錯誤を繰り返してきたのだろう。

野球はどうだ。別の場所で少年野球の試合を見たときは、大人の罵声ばかりが聞こえた。低学年のチームなのにバントのサインを繰り返し、失敗が出ては怒っていた。子どもを野球チームに預けている後輩と飲んだ際には、「長く監督やコーチを務めている方は、やり方を変えないんです」と漏らしていた。

42歳の記者の少年時代とは、2競技の裾野の広さは逆転した。各種調査で男の子の夢のランキング1位はサッカー選手。野球選手が2位に入らない調査もある。長男の小学校に3年生男子は52人いるが、半分以上の27人がサッカークラブやスクールに通う。野球はわずか3人。怒鳴る相手は、いなくなっている。

こうした記事もスポーツ紙に見られるようになった。危機感を抱くジャーナリストは確実に増えている。

私は野球部とサッカー部がともにトップレベルにある私立高校で、両方の指導者に話を聞いたことがある。

野球の指導者に今年の目標を聞くと、即座に「打倒○○高校」とライバル校の名前を出した。そしてエース候補の投手を紹介し、春のエースは「スランプだから投げさせない」と語った。続いて打撃陣の話をした。

これに対し、Jリーグでの競技歴もあるサッカー部の指導者はこう言った。

「僕の使命は、日本サッカーのレベルを世界に通用するところまで上げることです。だから、勝利も大事ですが、ひとつひとつのプレーを考えてできるように、サッカー観を植え付けています」

この指導者だけではない。高校サッカーの指導者の多くは、目先の勝利ではなく、選手の将来を考えた指導を行っている。そして、指導者自身が「日本サッカーの未来」を担っているという自覚があるのだ。

「グラスルーツ」という考え方

2014年5月、日本サッカー協会は、「グラスルーツ宣言」を行った。公式サイトによると、

「グラスルーツ」とは草の根、民衆の、といった意味があります。グラスルーツフットボールは、みんなのもの。エリートフットボール以外のすべて、どこでもだれでも皆が関わってプレーされるものとされています。

「グラスルーツサッカーはすべての、年齢、性別、サイズ、姿、レベル、国籍、信仰、人種、すべての人たちのためにある」とし、FIFA（国際サッカー連盟）は、その名から〝Football Is

For All〟と説明しています。

グラスルーツなくして代表の強化なし。

トップレベルサッカーを支えるものであり、その国のサッカー文化の厚さとなるものです。

世界的に非常に大切にされ、組織的な取組が各国で始まっています。

グラスルーツは「ずっとＥｎｊｏｙ♬引退なし」「みんなＰｌａｙ！補欠ゼロ」「だれでもＪｏｉｎ♪障がい者サッカー」の３つのテーマからなっている。

野球が「エリート主義」で、選手を振るい落として絞り込んでいくのとは対照的に、サッカーは底辺を広げ、競技人口を拡大していくなかで、高みも作っていこうとしている。

サッカーは女子の普及も積極的に推進している。年齢も、性別も、うまい下手も、障害の有無もなく、すべての人にサッカーを愛好してほしい、その取り組みは「スポーツの民主化」とでも言うべきか。

サッカーの先進性を見るとき、野球とのあまりの違いに、絶望感さえ覚える。

課題に一枚岩で取り組む姿勢

私のブログ「野球の記録で話したい」でもこうした野球とサッカーの違いをたびたび取り上げた。これに対し、サッカーファンからは、

「そうは言うが、サッカーの試合はガラガラだ。プロ野球とは大違いだ」

「観客動員も伸び悩んでいるし、Jリーグは赤字チームが多い」

などの反論がくる。確かにJリーグは順風満帆とはとても言えない。サッカーブームが去って、苦戦している。

しかしながら、サッカー界は、自身の問題をしっかりと把握し、それに前向きに取り組もうとしている。

2014年に出版された『Jリーグ再建計画』（大東和美、村井満、秋元大輔／日本経済新聞出版社）では、Jリーグの課題として以下の項目を挙げている。

▽Jリーグへの世間の関心度が下がっている

▽テレビ放送の減少と放映権料頭打ち

▽電通、博報堂が頑張ってもスポンサーがつかない

▽勝てば優勝という試合でも満員にならない

▽毎年発生する赤字クラブ
▽ヨーロッパに集中するサッカーマネー
▽アジアチャンピオンズリーグで勝てなくなった

興行面でも強化面でも、シビアな問題が山積している。

しかし注目すべきは、この本の著者が大東和美、村井満という新旧のJリーグチェアマンだということだ（ライターの秋元大輔が構成）。トップが課題を正視し、これに取り組もうとしている。

そしてこの課題を、Jリーグだけでなくサッカー界全体が共有し、一枚岩で克服しようとしている。野球離れなどの深刻な問題を直視せず、そもそも「誰がリーダーなのか」さえはっきりしない野球界とは大きな違いがある。

Jリーグが今後どのような成長曲線を描くかは不明だが、課題に自ら取り組む姿勢がある限り、サッカーの未来は明るいのではないか。

サッカーは結果的に、野球から少年人口を奪っている。それを意図したわけではないだろうが、結局それは、野球の未来を奪っていることになる。野球界はそれを直視しなければならない。

Jリーグのあるところにプロ野球をつくれば成功する。一緒に未来を開拓しよう。

◉インタビュー

川淵三郎（かわぶち・さぶろう）

日本サッカー協会最高顧問／公立大学法人首都大学東京理事長

「思うところがあってね。こういう機会に野球について話してみたいと思って」冒頭に川淵三郎は切り出した。Jリーグの創設によって日本のサッカー、スポーツ界を劇的に変えてきた川淵は、その過程で「ナショナル・パスタイム」だった野球を常に意識してきた。またプロ野球と同様のビジネスモデルをプロサッカーにも導入したい経営者と厳しく対立してきた。そして、野球のあり方に疑問を感じていた。野球とともにスポーツの未来を語りたい、川淵のほとばしる言葉は、そんな野球への呼びかけのように感じられた。

僕は野球が大好きだった！

――川淵キャプテンは、１９８０年代の終わりころから、サッカーのプロ化を推進してこられましたが、その当時、野球をどのようにとらえていましたか？

もともと僕は野球が大好きだったんですよ。中学（大阪府高石町立高石中学）までは野球部にいて、そこそこうまかったからね。

早稲田大学時代にサッカー日本代表として、ドイツのデュイスブルクへ遠征に行ったとき、当然ながら、サッカーではなかなか勝てないから、「今ここで野球をやったら絶対勝つのにな」なんてバカなことを言ってた（笑）。きれいな芝生のグラウンドをみると、「ここで野球をやりたいなあ」とすら思ったくらい野球は好きだったよね。

野球は日本を代表するスポーツ。しかもプロがあって、国民的な人気を得ている。それにもかかわらず、プロ野球は、国民に対してスポーツの普及振興、スポーツのためにいろいろな努力をしようという姿勢がまったく見えない。そのことに対して、野球界は「務め」を果たしていないな、とずっと思っていた。それがいちばんの問題だと思うよ。野球界は、野球のことばかり、他のスポーツは全然認めないような姿勢でここまで来ている。今もそう。サッカー、ラグビー、バスケットボール、バレーボール、いろいろなスポーツがあるなかで、子どものうちはできるだけいろいろなスポーツをやって、そのなかから自分の好きなスポーツ、得意なスポーツを見つけて「生涯スポーツ」にすればいいのに、野球ははじめから野球に縛り付けすぎるよね。

それと、常に強制的なやり方、たとえば、全員丸坊主とか、非効率な練習とか。ノックなんか10人くらい並ばせて、ひとりずつノックを打ったりしている。他の9人はただ待っているだけ。効率も何も考えていない。スポーツ界でいちばん考えていないのが野球だな、と。それは前からずっと思っていた。

――日本サッカーリーグがプロ化を提案したとき、「プロ野球でさえも儲かっていないのに」と反対の声が上がったと聞きましたが？

Jリーグの構想がはじまった頃、プロ野球で利益を上げていたのは讀賣ジャイアンツだけだからね。セ・リーグの他球団は巨人と試合をすることで得る放映権料でかろうじてもっていた。それがないパ・リーグは全部赤字だった。成果配分はまるでなくて、親会社の広告宣伝部門としてだけ成り立っていたんです。

ヨーロッパのクラブの成り立ちなどから考えると、プロ野球のようなやり方では成功しないな、と。だから、「地域に根ざしたスポーツクラブ」を日本全国に広げようということでJリーグはスタートしたんです。

野球を反面教師としてやったことはいっぱいありました。たとえば、コミッショナーの権限について。野球協約を読み込むと、「コミッショナーはすべての利益を代表して、野球界のために最後の決断をする」と書いてあった。で、Jリーグを創設したときに規約のなかに「Jのチェアマンも同様の権限を持つ」と書いたら、讀賣クラブの人が「ひとりがこういう権限を持つのはおかしい」と言ってきた。「でも野球協約にはそう書いてあるでしょ」と言ったんです。プロ野球のコミッショナーはことあるごとに「コミッショナーは権限がない」と言うけども、僕は、「野球協約には権限があると書いてあるじゃないか」と反論した。プロ野球では、球団側が「コミッショナーは権限がない」と思ってもらったほうが都合がいいからそうしているんであって、実際は権限があるんですよ。いろんなことができるはずなのに、みんな逃げているんだよね。

事実、コミッショナーにはお飾りばかりもってきた。ナベツネさん(渡邉恒雄讀賣新聞グループ本社代表取締役主筆)とは今は仲良くしていただいているけれど(笑)、歴代のコミッショナーはナベツネさんの顔色をうかがう人ばかりで、そうでなかったのは川島廣守さん(第10代コミッショナー)くらいが最後だったのではないかな。

Jリーグでは、野球の用語を絶対に使わないようにもした。「フランチャイズ」という言葉は「自分の権益を取り込む」というイメージがあったので、使いたくない。海外では「ホームタウン」と呼ぶらしい。あ、これなら「ここから発信するんだ」というイメージがあっていいなと思った。「グラウンド」も、英語では「ピッチ」というと聞いてそうした。「ジャパニーズ・イングリッシュ」ではないもので規約を作ったんだよね。

「ヴェルディ川崎(同時)とかガンバ大阪とか、わけのわからない馴染みのない名前をつけても覚えられない」なんていう意見も出たけど、「子どもが生まれるときに、みんな太郎、三郎、花子なんて名前ばかりつけるのか。そうじゃないでしょ。馴染みがなくても、呼んでいるうちに馴染みができてくるんだ」って説明したの。

Jリーグ以前、サッカーはマイナースポーツだった

――あえて高いハードルをもうけて、それを乗り越えていったような印象でした。

確かに、当時は「川淵は無茶なことをする」と言う人が多かった。抵抗勢力はいっぱいいたよ(笑)。でも、「世界のサッカー」を実際に見ていたことが力になった。ヨーロッパのリーグがどうだとか、クラブのあり方とか、運営の仕方とかについてもしっかりした考えがあったからね。本を読んで得た知識だけだったら、なかなか迫力は出なかったと思うよ。そうじゃなくて、実体験に基づいていたからね。ヨーロッパの現場を目の当たりにして、将来はこういうものだというビジョンが頭に入っていたから、抵抗勢力を説得することができたんだと思うよ。

Jリーグがはじまる前は、サッカーはマイナースポーツだった。観客数はラグビーのほうが多かったし、人気はバレーボールのほうが上。野球はダントツだった。Jリーグができて、サッカーは三段跳びくらいに上がっていったわけです。

60年もの歴史があるプロ野球を追い越そうなんてまったく考えていなくて、少しでも近づければいいな、と思っていた。マスコミは「プロ野球に追いつけ追い越せ」って煽ったけどね(笑)。サッカーは、日本では人気のないスポーツだったし、プロとして成功するかどうかもわからない。でも、失うモノは何もない。いろんなことやってきたけど、日本のサッカーを盛り

上げる、世界のレベルに近づけるには、もうプロ化するしか方法はない、やってみて、だめならだめでそれでいいじゃないか、と。「失敗したらどうしよう」なんてことは一切考えたことはなかったね。とりあえずベストを尽くして、この道を進んでいこう、と。で、ドイツのデュイスブルクにあったようなスポーツ施設を日本に何十カ所か作ることができたらいいなと思っていた。

――プロ野球の球団は「親会社の宣伝部門」という位置づけは、どう思っていましたか？

クラブ経営でもプロ野球に学んだことはたくさんありましたよ。プロ野球は、国税庁が昭和29年に出した「職業野球団に対して支出した広告宣伝費の取り扱いについて」という通達によって、球団の赤字補填は親会社の宣伝広告費として損金算入できる優遇措置が取られている。

サッカークラブは、最終的には市民と地域社会が支えるものにならなくてはならないと考えているんだけど、最初のうちは企業が支えてくれないと、収入源はない。いきなりスポンサーやテレビ放送がつくかどうかもわからない。これは僕が考えた言葉だけど、クラブを支える企業は地域の「企業市民」だと。サッカーを応援する企業が上からものを言うのではなく、市民と同じように、一企業市民としてクラブを支える。そのときに、企業にはプロ野球と同じように応援してほしいと考えたのです。そのために僕は国税庁まで行って話をして、野球と同じように「親会社の宣伝広告費」という形で認めてもらった。

ただし、ずっとプロ野球のように、「企業頼み」

であってはならない。いずれは自立しないといけない。たとえば、最初に10億円くらい企業から資金援助をしてもらう。10年のうちにスポンサー料や入場料収入やテレビの放映権料などでいろんな収入が増えることで、企業の資金援助はだんだん少なくなって、最後はゼロになる。そのときには、その企業は、クラブを10年間支援したことを知っている市民から、支持される。そういう形で企業に恩返しができる。そこまで応援してください、と説得したんです。10年やればうまくいくと思っていた。まだそうなっていないクラブもあるけど、大きな企業のサポートなしにやっているクラブも出てきているし、全体像として悪いほうにはいっていないかな、と。

野球は無駄に人材を費消している

――地域貢献を義務づけていることも、野球とサッカーの大きな違いですね。

企業に依存するのは最初だけ。最終的に地域に根ざしたクラブになるためには、地域社会への貢献が必要です。地域の祭りに出たり、駅前を掃除したり、献血に協力したり、サッカースクールを開催したり。その形はいろいろだけど、Jリーグはそういうことができるようになった。一方的に支えるのではなく、こういう活動は、還流されてくる。スポーツは「観る、する、支える」の3つが必要ですが、「支える」ができてきたという感じだよね。

1992年にイングランドのプレミアリーグを視察したとき、選手がクラブと契約するときに「週に3時間のボランティア活動」が規約に入ってるんだよね。「週3時間」とは「1回で

3時間」「1時間を3回」でもいい、選手が自分で時間を作って地域貢献をしなさい、ということ。学校でサッカーを教えるのでもいいし、病院にお見舞いに行くのでもいいいし、地域社会の人が喜んでくれることをやればいい。こうすると、強制的にやらせる場合と違い、選手が自分から動くようになる。プレミアリーグの選手はそれが当たり前なんですよ。今ではJリーグのどこのクラブでもやっているけど、これもひとつの文化だと言えるでしょう。

先日もバスケットボール（Bリーグ）の選手を集めて話をしましたが、ボランティア活動というのは、クラブや選手にとって大事なんですよ、と。もちろん、練習がいちばん大事という選手もいるでしょう。でも24時間練習しているわけではない。プロ選手は必ず余裕があるからね。ボランティアの意味をまずはじめに理解させせなくてはいけない。

残念ながら、プロ野球は「地域」ではなく、「企業」に依存しているので、地域貢献の考え方は根づいていませんね。「支える」の部分への理解が乏しいのではないかな。

スポーツをエンジョイしていない子どもが多すぎる

――野球は指導法がまちまちで、スパルタ式なのが問題になっています。

僕の知人でアメリカで生活している日本人の家族がいて、子どもを地元のリトルリーグに入れていたんだけど、アメリカでは、ひとつのクラブの選手は15人が定員。それは、子どもたち全員を試合に出したいから。選手数は少ない代わりにチーム数は多くて、試合数も多い。補欠がないことが大前提で、出たら毎回三振する子でも試合に出るんです。勤め帰りのお父さんなんかがネクタイを締めたままグラウンドに来て、「ナイストライ、ナイストライ」と子どもを一生懸命応援する。よその子どもが空振りをしても「よくトライした」とほめて拍手をするんですね。すると、一緒に見ていたお母さんは感極まって泣いてしまう。うまくできない自分の子にみんなが拍手するから。そういうスポーツの文化は日本にはないね。うらやましいと思ったよ。

日本では、野球と言えば「巨人の星」の延長で、スパルタが当たり前。僕はある元野球選手とよくゴルフをするんだけど、彼はゴルフをするときは尻に座薬を入れているんですよ。「なんで？」と聞いたら、選手時代にバットで尻を叩かれて、それ以来ずっとそうだと言うんですよ。で、みんなやられてるんですって、尻を。野球は、よくそんなことを続けてきたな、と。

サッカーも昔は似たようなものだったけど、Jリーグがはじまって文化も変わった。部員数の問題もそう。野球の場合、たとえば100人部員がいて試合に出ることができそうなのは20人というのが普通。残りの80人はボール拾いと声出しばかりでしょ。80人がスポーツをエンジョイしていない。これは本当にもったいない。ほかのスポーツをやればもっと能力を発揮したかもしれないのに。

昔、中京商業は野球だけでなくハンドボールとか他のスポーツも強かった。それは運動能力の高い生徒が全国から集まっていて、野球ではダメだった連中が他のスポーツで活躍したからですよ。でも、今はそれができない。そういう意味では、今の野球は無駄に人材を費消しているな、と。僕は野球も大好きだけど、そこだけに縛り付けるやり方には、問題があると思うね。

これもアメリカの話だけど、アメリカでは7月4日にリトルリーグのオールスター戦を子どもたちがやって、それ以降は野球はやってはいけないことになっているんだよね。だから子どもたちは、サッカー、ラグビー、アメフトなど、ほかの競技を楽しむ。何がその子に向いているかわからないから、そのほうが可能性を見つけることができる。日本では365日、24時間野球漬け。この点は、サッカーだって似たようなものかもしれないけど、ヨーロッパでは365日サッカー漬けなんてことはない。毎日やることもないし、やっている時間も短い。

基本的にスポーツはエンジョイするもので、つらくなるまでやることはない。能力が高くてプロを目指すのはごく一握りの子どもたちで、そういう子は特別扱いをして、うまくなる方向にしむければいいのであって、多くの子どもたちは、スポーツそのものが楽しい、毎日やりたいと思う程度に大人が面倒を見てやることが大事で、それが日本にいちばん欠けてるんじゃないですかね。

「Jリーグ百年構想」はサッカーのための構想ではない

――川淵キャプテンは、Jリーグ創設後に「百年構想」を提唱しました。その背景は?

僕の夢は、地域社会にスポーツの核となる施設を作ることで、日本には柔道とか剣道とかの「道場」のようなものは各地にあったけど、ヨーロッパのスポーツクラブのようなものは皆無だった。それを日本に作りたい。すぐにできるわけではないので、Jリーグのクラブが地域に根ざすことによって、「スポーツクラブってこういうものですよ」と日本全国に広めていこうと考えていた。

そのためには「各都道府県に2カ所ずつ、合わせて100カ所くらいクラブを作りたいんだ」ということをJリーグのスタートの時点で話しました。最初は誰にも相手にしてもらえなかった。10クラブでも成功するかどうかわからなかったんだから無理はないけど。でも、そういうJリーグの理念を伝えるために「Jリーグ百年構想」というスローガンを作ったんです。

スポーツクラブでやるスポーツは、サッカーでなくてもいいんですよ。たとえば、僕は「小学校の校庭緑化」も訴えているんだけど、今の小学生は外で運動しなくなって運動能力がガタ落ちになっている。でも、外に芝生があれば、みんな走り回るし体力もつく。でも、僕が言うと「サッカーのために芝のグラウンドを作れ」と言っているようにとられる。まるで関係ないんです。多くの子どもたちが外遊びできるように芝のグラウンドを作ってほしい。そうすれば運動環境も改善するし、自然とふれあうことも増えるから。

百年構想もそうだけど、サッカーのためではなく、スポーツ全体、そして子どものことを考えて言い続けてきた。あれから20年以上経って、芝生の校庭はもとより、スポーツクラブは全国にものすごく増えました。言い続けることが大事ですね。

それに比べて、野球界は野球のことばかり考えていて、それがいちばん気に入らないところなんですよ。王貞治さんに会って話を聞くと、最近はパ・リーグの球団もずいぶん収益を上げているようです。その収益を野球のためだけじゃなくて、地域社会の子どもの運動環境作りのために使ってほしい。今、どれだけ子どもの運動能力が落ちているか。野球界の人は、そういうことに危機感を持っていない。そういう発言は聞いたことがない。

先日、日本の競技者人口で登録人員がいちばん多いのはサッカー、その次はバスケットだという話を聞きました。でも野球は発表されていないんですね。それはないだろうと思いました。将来を展望するためには現状認識をすべきであって、それもできていない。その展望は、野球界だけでなくて、「日本の子どもたちが健康に暮らせるにはどうしたらいいか」という発想になってほしい。今のままだと「野球を発展させるにはどうしたらいいか」という方向に行きそうだなと思うので、問題ありだと思います。

僕はサッカーに絡めてものを言う気は毛頭ないんだよね。スポーツはなんでも好きだから。他のスポーツの悪口を言うなんて、僕からしたら考えられない。いい意味のライバル心ならいいんだけどね。

最低でも18球団にエクスパンションできる

――野球界は、こうした動きに無関心のように見えますね。

僕がプロ野球について昔から言いたかったのは、２００４年の球界再編のときに、オリックスとバファローズが合併して10チームになると聞いて、僕は「なんで減らすんだよ」ってこと。今の人気なら18チームでもゆうゆういけるじゃないか、って思ったんですよ。だって、四国アイランドリーグを作るときに、当時オーナーだった石毛宏典さんが僕のところを訪ねてきて「どういうことをやったらいいでしょうか？」と聞いてきたんだけど、そのときは「各県の知事とか市長に会ったらいい」とアドバイスした記憶があってね。独立リーグの選手は月給8万円でも、みんな野球が好きでやっているのに、プロ野球界は、なかなかその存在を認めなかった。最近はドラフトにも出るようになったけど。どうしてなんだろうと思いました。

Jリーグのクラブのあるところにプロ野球チームを作れば絶対に根づきますよ。新潟なんて間違いない。最低でも18球団にはエクスパンションできるんですよ。それをどうして減らそうとするのかって。そういう発想になるのは、「フランチャイズ（権益取り込み）」という考え方だからでしょうね。必要以上に人件費を高くする必要はないし、理にかなった年俸を払うことが前提だけど、間違いなく18球団は成功すると、今でも思ってますよ。

今のプロ野球は、巨人の二軍でもそこそこの給料をもらえる。でも試合には出られない。だから、野球賭博みたいな問題も起こす。二軍が試合もせずに、何十人もうろうろしているのが問題でしょう。それが18球団になれば、試合に出ていない選手も分散して、出られるようになるしね。

日本も大リーグのように、マイナーを充実させればいいんです。頑張っている四国アイランドリーグｐｌｕｓやＢＣリーグなどの独立リーグを三軍にしてあげればいい。そういう存在が地域にあることが、選手やファンにとってもやりがいになると思うんだけど、なんで、そういうことに対して野球界はひとつにならないのか。正直、僕には理解できない。高校野球とか学生野球は、サッカーと同じようにそれぞれが連盟として独立すればいいと思うけど、社会人を含めてひとつの組織としてまとまれば大きな力になるのに。

僕は野球が落ち目になったらうれしいなんて夢にも思わない。野球は今でも大好きで、正直、日本のプロ野球はあんまり観ないけど（笑）、大リーグは大好きで、もうほとんど観てる。毎朝家を出るときに「イチローは今日ヒットを打ったかな」なんてチェックしているんです。イチローが出るときはビデオ録画もしています。今日は2本安打を打ったって？　そりゃよかった。大リーグは大好きだね。スケール感があるし、選手たちが野球を心から楽しんでいるから面白いよね。

あのとき、放映権を手放さなかったから今がある

――今年の7月、Jリーグは世界最大級のデジタル・スポーツコンテンツ＆メディア企業である「パフォーム・グループ」と、10年、約2100億円の放映権契約を締結しました。

この話を聞いたとき、僕は「短期ではなく長期で契約を結ぶべきだ」と言ったんですが、Jリーグはそこもしっかりやったから、たいしたもんですよ。

Jリーグの放映権と言えば、リーグがはじまる当時、讀賣と日本テレビの重役が来て、「放

映権を渡せ」と言ってきたことがあった。「ナベツネさん対僕」の対立の図式ですね。そのとき、僕は「断固、渡さない！」と譲らなかった。クラブに放映権を渡していたら、今回のこの話もなかったはずですよ。Jリーグが成功しているのは、機構が権利を持っているから。これが全体の収益につながっているんですよね。ここで野球とは決定的な差がついたな、と。

――今、川淵さんは、バスケットボール界について、本当に短い期間で改革をされたと思いますが、眼目としてはどういうことだったのでしょう？

日本を代表すると言われるリーグがふたつ存在していたんだけど、これをひとつにできなければ国際試合への出場を一切停止する、と言われていましたよね。国際バスケットボール連盟から命令されたポイントは、「ふたつのリーグをひとつにすること」「ガバナンスの確立」「日本代表の強化」の3つでした。

日本代表というものに対しても、協会としてはなにひとつ強化策を打ってないんですよ。だから、代表のユニフォームの価値なんてゼロでした。日本サッカー協会は年間予算200億円で、キリンやアディダスなどに支援してもらっているけど、代表が強くないと、そういうものは入ってこないんで、どうやって強化していくか。リーグの一本化がいちばん難しいかと思ったら、ガバナンスの確立がいちばん難題でした。とにかく人がいない。事業としては経営破綻状態だったし、基本的にガバナンスがゼロ。経営再建に乗り込んだようなものです。みんな足を引っ張って、けちばっかりつけるから会議でどれだけ怒鳴ったか（笑）。今は、三屋裕子会長以下、優秀な人材を送り込んで、建て直しが進んでいます。Bリーグにはソフトバンクにもスポンサーに入ってもらい、うまく回るような仕組みができました。これからスポンサーも増えていくと思いますね。先行きはともかく、夢があるでしょ。

野球界には、いい指導者はいても、優秀な経営マンが多数いるとは思えない。プロ野球のコミッショナーが全部を統治する、コミッショナーの下に野球界が一致団結しないと将来の発展は見込めない。そこに尽きるでしょう。

王さんがコミッショナーをやってはどうか？

──以前、古田敦也さんが言われたように、「プロ野球がJリーグの構想に入っていく」という流れになってくれば面白いかもしれませんね。

日本サッカー協会は2007年から「JFAこころのプロジェクト」という取り組みをやってるんですが、これは、サッカー選手やその他のアスリートを「夢先生」として小学校に派遣し、「夢の教室」と呼ばれる授業を行い、「夢を持つことの大切さ」、「仲間と協力することの大切さ」「挫折を乗り越える勇気」などを講義と実技を通じて子どもたちに伝えるというものです。カリキュラムも決まっているんです。

これにはサッカー選手だけじゃなくて他のスポーツの選手、野球選手も参画してくれたけど、あくまでも個人的なもので、競技団体が連携して行うものではなかった。2011年の大震災のときに、「スポーツ界全体でやろう」と日本体育協会に働きかけて、多くの競技団体から参加してもらいました。

去年には、プロ野球選手会がこれに参加したいと言ってきたんですよ。野球界が他団体がやっていることに協力するということはきわめて珍しい。阪神の藤浪晋太郎選手とか西武の秋山翔吾選手とか、各球団の主力級が12人、参加してくれた。選手会が動いてくれたのが、値打ちがありますね。

このことからも、野球界はまだまだ発展する余地があると感じましたよ。誰をコミッショナーにするかが大事だけど、たとえばですが、王貞治さんみたいな人を球界のトップに据えて、一致団結すれば、まだまだいける可能性はありますよね。王さんが自分の方向性を明確に出していければ結構面白いと思いますよ。

最後に、繰り返しになるけど、12球団から18球団にエクスパンションすることは成功への道だと思います。あとは、野球界は野球のことだけを考えないこと。子どもを野球に縛りつけないこと。子どもを野球に拘束することが、野球人口を増やすことにつながるわけではありません。将来展望をもって、地域との関係を深めるなど、もっと視野を広げて、新しい野球を作ってほしい。同じスポーツの仲間として、サッカーと野球が手を取り合って発展していけたらいいなと思っています。

川淵三郎（かわぶち・さぶろう）
1936年大阪府生まれ。早稲田大学卒業。サッカー日本代表、日本代表監督、Jリーグ初代チェアマン、日本サッカー協会（JFA）会長を歴任。現在は、公立大学法人首都大学東京理事長、日本サッカー協会最高顧問、日本バスケットボール協会エグゼクティブアドバイザー、2020年東京オリンピック・パラリンピック競技大会組織委員会評議員。愛称は「キャプテン」。

第6章

野球再建への10の提言

野球の退潮は、もうはじまっている

野球の退潮、あるいは衰退を象徴的に示すデータに「スポーツ新聞の部数推移」がある。２０００年時点で、スポーツ紙の部数はすべて合わせて６３１万部あったが、２００５年には５３８万部、２０１０年４４２万部、２０１５年には３５５万部にまで減少している。

もともと新聞自体が斜陽業種ではある。一般紙の発行部数も２０００年の５３７１万部が、２００５年には５２５７万部、２０１０年には４９３２万部、２０１５年には４４２５万部と減少している（一般社団法人日本新聞協会調べ）。

しかし一般紙の減少が、２０００年を１００とすれば、２００５年97・9、２０１０年91・8、２０１５年82・4なのに対し、スポーツ紙は２０００年を１００として２００５年85・3、２０１０年70・0、２０１５年56・3と激減している。このままいけば。15年でスポーツ紙は消滅する計算だ。

知り合いのスポーツ紙記者に聞いても、人員は削減され、厳しい状況になっているようだ。

スポーツ紙が今もつぶれることなく存続しているのは、全紙が全国紙やブロック紙など一般紙の子会社、グループ会社だからだ。それでも、数年先には廃刊に追い込まれるスポーツ紙が出てくるのではないか。

スポーツ紙の大幅な部数減は、「野球離れ」が進行していることが大きいと思われる。日本のスポーツ紙は、実質的に「プロ野球新聞」だ。1面を飾る記事の大半がプロ野球情報であり、紙面も40％ほどが野球に割かれている。

ターゲットは昔ながらの「中高年男性」であり、新しい読者層はまったく開拓できていない。報知新聞など一部のスポーツ紙を除けば、風俗記事やアダルト記事が掲載されているため、女性読者はまず獲得できない。

かつてのスポーツ紙は選手や監督の批判も盛んに行っていた。特ダネも多かった。1969年に起こったプロ野球選手の八百長事件「黒い霧事件」は、報知新聞のスクープだった。しかしプロ野球側の報道規制が厳しくなるとともに、スポーツ紙は球団、選手の批判を一切しなくなった。このために、紙面の魅力も半減した。さらにインターネットの普及によって速報性もなくなった。

スポーツ紙の部数激減は、ジャーナリズムとしての劣化も大きな原因だが、全体としては「野球離れ」の前駆だと断定してよいと思う。

また、スポーツ用品のトップメーカーだったミズノは、２０１１年に業界売り上げ1位の座をアシックスに譲り、２位となったが、２０１５年度の売上高ではアシックスが４３００億円に対し、ミズノは１８７１億円と大きく水をあけられている。スポーツ用品業界自体は、健康志向、アウトドア志向の高まりとともに、業界規模が１兆円弱にまで成長している。このなかで、ミズノの退潮は目立っている。

これはアシックスがスポーツシューズ、スポーツウェアなどを主力としているのに対し、ミズノは野球、ソフトボール、ゴルフ用品をメインにしていたことが大きいという。これらの競技人口が減少したことが、ミズノの業績に大きな影響を与えたのだ。

産業界では、こういう形で「野球の退潮」がはじまっている。

野球再建への10の提言

ここまでの考察と、各界の識者へのインタビュー内容を踏まえて、野球再建への提言を行いたい。野球界で何のステイタスも持たない私ではあるが、冒頭で述べたように、ファンこそがもっとも重要なステークホルダーだという前提で、一野球ファンとしての立場から提言を行う。

【提言①　野球界を統括する組織の創設】

何度も触れてきたが、野球界には「野球は」「野球の将来は」という主語ではじまる議論がほとんどない。「うちのチームは」「わが校野球部は」「うちのリーグは」などしかない。サッカー界が、末端の指導者までが「サッカーのレベルアップのために」「サッカーの普及のために」と言うのとは対照的だ。

こうした体質になったのは、野球が日本に根づいてからずっと「勝ち組」であり、野球界という概念を持たなくても、まったく困らなかったからだ。普及活動をしなくても、黙っていても野球志望者が集まってくる。野球関係者が二言目には「嫌ならやめればいい」というのは、「勝ち組体質」が染みついているからだ。

野球界では、「自分の利益を第一に主張する」のが当たり前になっている。何か改革をするにしても「そんなことをされてはうちが損する」「うちが不利になる」。いい年をした組織のトップが、臆面もなく自分の利益を主張するのだ。これでは、野球界の改革など進むはずがない。

プロ、アマ、学生、女子、独立リーグを統括する組織を創設し、すべての野球関連団体が、その下部に入ることが、大前提となるだろう。

本書で鍵山誠が述べているように、2013年4月、「日本野球協議会」が発足した。プロ野球の日本野球機構（NPB）とアマ野球の全日本野球協会（BFJ）が合同で、普及、振興、侍ジャパンの強化、指導者ライセンス制度などについて協議するものだ。オブザーバーとして日本独立リーグ機構も参加している。野球界の統合に向けて、喜ばしい一歩だとは思うが、これは野球界の組織、運営統合を目指したものではなく、あくまで協業、利害調整を目的としている。

そうではなくて、プロとアマの上に立って、両組織の末端に至るまでに指令を出すことができる強力なガバナンスを持った組織が必要だということだ。

【提言②　本当に組織を統括することができる経営者の擁立】

プロ、アマを統括する組織を「日本野球連合（NBF）」と仮称しよう。

NBFのトップには、社会的地位や、業界への貢献度ではなく、経営手腕、マネジメント手腕のある人材を起用すべきである。

今、主要な野球団体のトップには、左のような人物が就任している。

●プロ野球

日本野球機構（NPB）コミッショナー　熊崎勝彦《くまざきかつひこ》（弁護士、元最高検察庁公安部長／74歳）

●アマ野球
全日本野球協会（BFJ）会長　市野紀生《いちののりお》（東京ガス会長／75歳）

●社会人野球
日本野球連盟（JABA）会長　市野紀生（東京ガス会長／75歳）

●学生野球
日本学生野球協会（JSBA）会長　八田英二《はったえいじ》（同志社大学教授、元学長／67歳）

●高校野球
日本高等学校野球連盟　会長　八田英二（同志社大学教授、元学長／67歳）

アマ野球と社会人野球、学生野球と高校野球は、同じ人物が兼務している。野球界のトップは、熊崎勝彦、市野紀生、八田英二の3人だ。3人とも本格的な野球経験はない。またスポーツビジネスにかかわった経験もない。

いちばん若い八田英二でも67歳。他のふたりはそろそろ後期高齢者になろうとしている。率直に言って3人とも名誉職だ。

これに対して、サッカーのトップはこうである。

●日本サッカー協会（JFA）会長　田嶋幸三《たしまこうぞう》（サッカー指導者、筑波大学、立教大学元教員／58歳）

●日本プロサッカーリーグ（Jリーグ）チェアマン　村井満《むらいみつる》（リクルートエイブリック元社長／57歳）

下部組織には名誉職的なトップもいるが、サッカー全体を統括するJFAとプロサッカーの組織のJリーグのトップは、指導者上がりであり、指導力、マネジメント力を評価されてトップに就いている。サッカー界を実質的に動かしている。また村井チェアマンはリクルートのビジネスマンだった。

今のサッカー界を築いた川淵三郎は、東京五輪代表のサッカー選手だが、引退後はサッカー指導の傍ら、古河電工グループの取締役まで務めたビジネスマンだった。そのマネジメント力で、サッカー界を改革したのだ。

本書で川淵も指摘している通り、NPBのコミッショナーは圧倒的な権力を持っていると野球協約に明記されていながら、その権力は行使されることはない。各球団が意向を反映させたいと思うからだ。また、高野連は実質的に朝日新聞、社会人野球は毎日新聞が仕切っていて、団体トップに権力はない。

新しい野球統括組織「日本野球連合（NBF）」のトップは、強い権力を有し、その権力を実際に行使する実行力を持った人物でなければならない。

また、少なくとも10年先を見通すことができる年齢でなければならない。

そういう人材が野球界にいるのかどうか、大いに疑問だが、他のスポーツビジネスやマネジメントを学んだ人材まで選考範囲を広げてもよいかもしれない。

重要なことは、そういう「実質的なトップ」を選任するのと同時に、トップを支援し、盛り立てていく組織も作らなければならないことだ。

川淵三郎がJリーグ構想を提案した時も、強硬な抵抗勢力がいたが、川淵にサッカー界の期待を託す関係者が支援して、これを退けたのだ。

野球改革にはいろいろな課題があるが、おそらく一番難しいのがこれだ。

【提言③　野球組織からのメディアの排除】

これまで触れてきた通り、日本の野球は朝日新聞、毎日新聞、讀賣新聞など、日本を代表する大新聞社の後援で発展してきた。

これらの新聞社は、新聞拡販の手段として野球を利用してきた。このこと自体は、悪いことではない。日本を代表する巨大メディアが盛んに宣伝したことで、プロ野球、高校野球は「ナショナル・パスタイム」と言われるまでの人気スポーツになったのだ。

しかし、社会が成熟し、価値観が多様化するなかで、野球の持っている体質や古い因習が浮き彫りになるなか、あたかも守護神のように野球を支える新聞は、改革の抵抗勢力になっている。

プロ野球で言えば、機構、リーグを讀賣新聞、巨人が牛耳るという偏った図式が、プロ野球の進化を阻害してきたのは明らかだ。NPB事務局は、事務局長などの主要な役職に讀賣新聞系からの出向者が就くことが多かった。今年起こった巨人、野球賭博事件でも、巨人、讀賣サイド、NPBは口裏を合わせたかのように（事実合わせているのだろうが）、「野球協約違反ではない」を繰り返した。問題が起こっても、球団、機構、そして讀賣新聞が力を合わせて組織防衛に走っているのだ。

同様の図式が高校野球でも見られる。甲子園にまつわるさまざまな問題の多くは、高校野球、高野連そのものに起因していると思われるが、朝日新聞、毎日新聞はそういう問題に対して批判的な意見を述べることは少ない。相変わらず「青春」「さわやかな汗」を謳歌するだけだ。

以前にも触れたが、こうした新聞メディアは、野球界を応援するだけではなく、運営に参加して、実質的に現在の野球を構築してきた。メディアでありながら第三者ではなく、主体者なのだ。

野球の問題点を報道することは、間接的に後ろ盾である新聞社を批判することにつながりかねない。

かつて、プロ野球の裏金問題が発覚したときに、ある全国紙の編集委員は、讀賣新聞、巨人の体質を激しく攻撃したが、その後、高校野球の特待生問題が明るみに出たときは、自社が絡んでいたために一切口をつぐんで語らなかった。

こういう不健全な野球界とメディアの関係は、いったん精算すべきだろう。

さらに言えば、新聞社出身者には、野球界のソリューションができるような経営者が少ない。新聞自体が時代遅れの業種になっているから、仕方がないことではあるが。

新しい体制ができるときには「新聞、テレビなどのメディア企業は、球団の株式を取得できない」という条項を設けるべきだろう。

【提言④ 「甲子園」の解体と再生】

2016年6月に刊行された『高校野球の経済学』で、著者の中島隆信は、野球というスポーツがいかに非効率で、生産的でないかを説く。

試合ではほとんどの選手が動かない、制限時間がない、金がかかる、不確実性が高い、練習時間が長い。しかし、それがドラマを生み出す要因になるという。

特に「甲子園」は、恐ろしく練習をし、手間も金もかけて鍛えてきた選手が、たった1試合で雌雄を決する。リーグ戦よりも壮大なロスが出るし、故障などのリスクも高いが、それが見るものの興趣をかき立てるのだ。

甲子園の高校野球大会を運営する高野連は、厳格なタイムスケジュールを組んでいる。報道規制や、アマチュア規定を厳格に守っている。また投手の健康には細心の注意を払っている。

高野連がここまで徹底しているのは、「甲子園」での不祥事を避けたいからだ。不祥事によって「甲子園」が批判にさらされ、改革の気運が高まることを避けたいからだ。

選手の健康を守りたいのなら、日程を緩和したり、球数制限をすればいいのだが、そういう発想はまったくない。101年かけて築いてきた「甲子園」を何が何でも守っていくことが、至上命題になっているのだ。中島隆信は、これを「甲子園の伝統」と言っている。

また高野連の八田英二会長は、「東洋経済」のインタビューにこのように答えている。


——炎天下でのプレーは配慮すべきではないか?

八田　ナイターにすると応援団の費用がかさむ。ドーム球場に移ることは歴史的にできない。野球はサッカーなどに比べて運動量が少ないので厳しくない。むしろ練習のほうが問題。

——過剰な投球数の問題は?

八田　球数制限をすると追い込まれるまで打たないような戦略が生まれる。プロに行くなら投げすぎは心配だろうが、大多数はプロにならない。最後まで投げて燃え尽きたいという子もいる。

――大会日程を長くすれば選手の負担が減るのでは？

八田　阪神との兼ね合いがあるし、地方予選にも影響する。教育的な配慮からこの期間にせざるを得ない。

――不祥事に対する連帯責任は？

八田　厳しすぎると言われるが、そうしてきたからこそ人格形成は高校野球に任せてよいという社会的な認知が得られたと私は考えている。

――サッカーは少子化でも部員数が増えているが？

八田　野球はサッカーと違って高校野球とプロが一線を画している。人材交流を進めていくべきだ。女子部員も増やしたい。選手としては無理だが、マネージャーやボールガールなどで組み入れたい。

驚くべきことに、八田会長は高校野球、甲子園について「一切変えない」と明言しているのだ。女子に対する発言など、時代錯誤も甚だしい。

いつの間にか「甲子園」は、高校球児の健康や将来を犠牲にしてまでも守るべき「聖域」になっているようだ。

高校の野球部を取材すると、結構な有力校の監督でさえも、「甲子園の日程が変わらない限り、投手の肩、肘の酷使の問題は解決しない」と明言する。

野球の未来を考えれば、この聖域に手をつけ、甲子園をいったん解体し、まともな「スポーツ大会」として再生することが必須になるだろう。

トーナメントをやめてリーグ戦にするとか、試合間隔を空けるとか。

「そんなことをすれば甲子園ではなくなる」という批判は当然あるだろうが、「甲子園」と「野球」のどちらが大事なのかを考えれば答えが出るのではないか。

一時的に人気はなくなる可能性はあるが、長い目で見れば「甲子園」の解体と再生は野球の発展のためには不可避だと思う。

【提言⑤　指導者のライセンス制の導入】

これは当たり前すぎて、くだくだしく述べる必要もないと思う。

野球界は少年野球からプロ野球まで、様々な指導者が思い思いの方針で選手を指導している。

もちろん、日本の野球は甲子園からプロ野球まで、ひとつの文化で染められているから、技術的には極端な違いはないが、選手への接し方、健康面、メンタル面でのケアなどはすべて「指導者の裁量」になっている。

サッカー日本代表元監督の岡田武史は、王貞治、野村克也、長嶋茂雄と対談をしたことがあるが、3人にそれぞれ「サッカーは海外の良いものをすぐに取り入れるが、野球は、〝野球とベースボールは違う〟といって平気な顔でいられる、なぜか?」と問いかけたという。

王は「大リーガーとは体が違うから。彼らが50本振るなら、僕らは100本振らないと」と言い、野村は「日本のほうが進んでいる、データさえあれば大リーガーにも勝てる」と言い、長嶋は「大リーガーにはかなわないから」と言ったという。

岡田はこれを聞いて「日本の野球界としての価値観が統一されていない、指導者の養成をトータルでしていない」と感じたという(『PLANETS vol9 東京2020オルタナティブ・オリンピック・プロジェクト』より)。

野球のレベルを全体に底上げするとともに、健全な指導体制をつくるためには、まず「指導のコンセプト」を固める必要があるのだろう。その上で、ライセンスの体系を構築しなければならない。

当然、その過程で海外の指導者から「マフィア」と言われるような指導者は排除されなければならない。プレイヤーズ・ファーストなどのスポーツとしての「当たり前」も、盛り込まれなければならないだろう。

プロ、アマを通じた指導者ライセンスは、その気になればすぐに導入することができると思う。

【提言⑥ プロ野球と社会人野球、独立リーグの一体化、組織化】

大西宏、鍵山誠、小林至、川淵三郎が異口同音に言ったように、地域で奮闘している独立リーグ、そして存続が厳しくなっている社会人野球は、一刻も早くNPB傘下に入るべきだ。

アメリカでは、MLBの傘下にAAAからルーキー・リーグまで5段階のマイナー・リーグがあるが、すべてがMLB球団の直営ではない。直営球団はルーキー・リーグなどであり、大部分のマイナーチームは、別個の企業だ。MLBからマイナーチームの運営を委託されている。選手や指導者の年俸はMLBが負担するが、球団運営はチームに任されている。MLB球団と資本関係がない場合も多く、契約期間が終われば、親チーム（アフィリエイト）が変わることもある。

NPBは、独立リーグや社会人のクラブチームを傘下に収めるべきだ。NPBが選手、指導者の年俸を負担し、運営をゆだねるべきだ。その費用は1チームあたり1億円ほど。スター選手の年俸の数分の一ですむ。

さらに、こうしたマイナー・リーグに、NPB傘下でない大学、社会人の野球部が加わっても良いことにする。また、高校野球や少年野球の指導も可能にする。

そういう形で地域の野球とNPBが密着することで、子どもから大人までの野球が一体化する。野球の裾野の維持、拡大に資するところ大である。

【提言⑦　女子野球の振興】

今年7月、2020年東京オリンピックでの野球とソフトボールの競技種目復活が決定し、野球界は大いにわいた。

しかしながら、女子野球界は複雑な心境だったはずだ。本来ならば男子硬式野球のペアとなるのは女子硬式野球のはずだが、男子の野球の対になったのは女子ソフトボールだった。女子野球と男子ソフトボールは置いてけぼりを食った形である。

確かに女子硬式野球はソフトボールよりも遙かに歴史が浅く、競技人口も少ない。しかし2010年からは女子プロリーグも発足し、大学、高校でも本格的なクラブ活動がはじまっている。

サッカーファンが増加したのは、「なでしこリーグ」をサッカー協会がバックアップしたことが大きい。「なでしこジャパン」は2011年のFIFA女子ワールドカップで優勝し、一気に人気に火がついた。

野球界は、人口の半分を占める「女子」にまったく無関心だった。特に高野連は女子野球には非常に冷淡だ。今年8月、女子マネージャーが甲子園のグラウンドに足を踏み入れて、「怪我をしても責任がとれない」という不可解な理由で退場させられたことが大いに話題になった。前述のように高野連の八田会長は、女子をマネージャーかボールガールとしか見ていない。

今、「侍ジャパン」には女子野球の部門もあり、NPBでは女子野球のバックアップもしているが、新しい野球統括組織「日本野球連合（NBF）」では女子野球部門もつくるべきだ。たとえばNPBの球団には下部チームとして女子野球チームの設置を義務づけるなどの形で、女子の競技人口の拡大に本腰を入れるべきだ。

付け加えるなら、ソフトボールは、サッカーにおけるフットサルやビーチサッカーと同様、NBFの一部門として傘下に加えるべきだろう。

【提言⑧　高校野球を含む「部活」の改革】

これは野球界だけでは改革できないことだが、今の日本のあまりにも硬直化した「部活」のあり方を見直すべきだ。

まず「部活」の縦割りを見直し、同じ生徒が複数の「部活」を掛け持つことを認めるべきだ。「シーズンスポーツ」を導入して、スポーツをする期間を限定できれば言うことはないが、それができなくても、「野球」と「サッカー」、「野球」と「吹奏楽」などの掛け持ちを認めるべきだ。

そうなれば現在のような365日野球漬けのような異常な事態は解消されるだろうし、部員争奪戦もなくなる。各スポーツの競技人口も増えるはずだ。

さらに、球技については、定員プラス5人のリザーブで1チームを編成することとし、それを上回る場合は、Bチーム、Cチームを編成し、実力別のリーグ戦をする。一部の地域ではじめられているが、これを公式に制度化する。

また、部活の運営は、学校だけでなく企業や、プロチームの下部組織が参入しても良いこととする。教師の理不尽な負担を軽減する意味でも、「部活」のオープン化を推進すべきだと思う。

この提言だけは、野球界の枠を越えるが、野球改革の一環で、野球界から提案をして、改革をリードしても良いと思う。

【提言⑨　野球ビジネスの一体化】

野球界の統合とは、組織的な一本化だけではない。NPB、各球団、大学野球、高野連などが個別に展開しているビジネスを統合し、大きなビジネスにしていく必要がある。

たとえば、放映権ビジネスは、NPBでは各球団が個別に契約している。また高野連は、甲子園の野球中継の放映権料をNHKや民放から取っていない。放送局側からすれば、極めておいしいコンテンツになっているが、当然のこととして放映権料を設定すべきだ。

新しい野球統括組織「日本野球連合（NBF）」は、プロからアマチュアまでのすべての野球中継を、コンテンツとして、放送局やコンソーシアムに販売すべきだ。NPB、大学野球、高校野球などのパッケージごとに長期間の契約ができれば、今よりもはるかに大きなビジネスになるはずだ。

さらにライセンス・ビジネスなどもNBFが一括で管理する。プロ野球の各球団は、フランチャイズ・ビジネスで収益を上げる。

こういう形でNBFに集まった収益は、NPB各球団に分配する。NPBは「親会社の宣伝部門」ではなく、独立した企業となる。収益によっては、消滅した選手年金の復活も可能ではないか。

また収益の一部は、社会人、学校野球にも分配され、クラブ活動の一助となる。さらに、野球の裾野拡大の費用も、ここから拠出される。

「オール野球」がビジネスをすることで、スケールメリットが発生し、野球界全体が潤う。またNBFのガバナンスも強くなるだろう。

【提言⑩「百年構想」への参加】

こうした提言をして痛感するのは「実現可能性の低さ」だ。

野球界はあまりにも長く「ナショナル・パスタイム」だった。この間、野放しで活動していたために、マネジメントをする人材が育っていないし、ビジネスの基礎もできていない。大小様々な利権もわだかまっている。

これらを根こそぎ変えるような目の覚めるような改革をするのは、野球界単独では、不可能ではないかと思う。

であれば、野球界は、サッカー界と手を組むべきではないか。

「Jリーグ百年構想」には、こう書かれている。


あなたの町に、緑の芝生におおわれた広場やスポーツ施設をつくること。

サッカーに限らず、あなたがやりたい競技を楽しめるスポーツクラブをつくること。
「観る」「する」「参加する」。スポーツを通して世代を超えた触れ合いの場を広げること。

この構想に賛同し、Jリーグが作るスポーツクラブ内に、プロ、アマの野球チームが参加し、Jリーグと運営を一体化すべきではないか。

そしてサッカーも、野球も、バスケットなど他のスポーツも同じニックネーム、同じチームカラーになるべきではないか。

「荒唐無稽な」と言うかもしれないが、野球人のなかにもこれに賛同する人が出てきている。

古田敦也は「地域の野球レガシーを活用すべきだ」と述べた上で、

「（新潟）は、もともとはJリーグのチームだったものが、バスケットボールやウィンタースポーツ、最近では野球チームもみんなアルビレックスという名前になっている」（「PLANETS vol9 東京2020オルタナティブ・オリンピック・プロジェクト」より）

これによって、地域でスポーツを盛り上げようという機運が出てくると言う。

野球はサッカーを「ライバル」と見なしている。興行面ではまだ遙かに野球のほうが上だが、普及やマネジメントでは、野球はサッカーに遠く及ばない。サッカーはJリーグ構想がはじまった30年前から、営々と体質を改善し、改革を断行していたのだ。そういう面ではもはやライバルではない。

野球界はサッカー界が蓄えた知恵を共有し、これを教師として、改革すべきではないかと思う。

それができなければ、10年後には野球は、好事家だけが熱中するマイナースポーツに転落するだろう。

おわりに

ワールドカップの時期など、サッカーに注目することはあるが、私は競技としてのサッカーは、野球のようには楽しめない。私も心底「野球の味方」だと思う。

それだけに、高知新聞の連載コラム「激減！　県内少年野球」は衝撃だった。

結果的にこの本は、高知新聞が指摘した「野球離れ」の原因を一つ一つ検証する内容となった。このコラムを書いた高知新聞編集委員の掛水雅彦とは、取材だけでなく、何度か酒を酌み交わし、話をする間柄になった。同い年で、ともに「野球の味方」。良い知己を得たと思う。

それ以外にも多くの人に話を聞いた。ライター・編集者の菊地高弘、高校野球審判・高沢尚など、現場を知る人の話は深く、私の先入観をしばしば打ち砕いた。

また、私はここ数年、高校の部活の取材をしていたが、これが高校野球を考える上で、大いに役立った。

さらに、有識者にインタビューができたことは、この本を一方的な思い込みにせず、建設的な内容にする上で、決定的な役割を果たした。

本書の編集者・圓尾公佑は、川淵三郎キャプテンとのインタビューをセッティングしてくれた。新宿の首都大学東京理事長室で会った川淵チェアマンは79歳とは思えないほど若々しく、打てば響くような手応えがあった。

これまで、私は本を書く上で自分のブログを反映することはほとんどなかったが、今回は「野球があぶない」というテーマでブログを書き、読者諸氏との意見交換を行った。本を書く上での多くのヒントをいただいた。読者諸氏の声も本に掲載しようと思ったが、構成上、それは見送った。ブログ上でもお礼を言わせていただくつもりだ。

この本で野球界が変わるとは毛頭思っていないが、野球の歴史に何らかの痕跡を残すことができれば、と小さな希望を抱いている。

2016年9月　残暑厳しいなか

広尾　晃

■参考文献、資料（順不同）

『運動部活動の戦後と現在』　中澤篤史　（青弓社）
『スポーツと勝利至上主義』　関朋昭　（ナカニシヤ出版）
『百年構想のある風景』　傍士銑太　（ベースボールマガジン社）
『「Jリーグ」のマネジメント　「百年構想」の「制度設計」はいかにして創造されたか』
広瀬一郎　（東洋経済新報社）
『高校野球が危ない！』　小林信也　（草思社）
『高校野球の社会学』　江刺正吾　（世界思想社）
『高校野球の経済学』　中島隆信　（東洋経済新報社）
『高校野球「裏」ビジネス』　軍司貞則　（ちくま新書）
『高校野球マネー事情』　手束仁　（日刊スポーツ出版社）
『プロ野球の経済学』　橘木俊詔　（東洋経済新報社）
『もうひとつのプロ野球』　石原豊一　（白水社）
『勝者も敗者もなく』　日本プロ野球選手会　（ぴあ）
『野球太郎「育児」Vol．1』　（廣済堂出版）
『甲子園への遺言　伝説の打撃コーチ高畠導宏の生涯』　門田隆将　（講談社文庫）
『PLANETS　vol．9　東京2020オルタナティブ・オリンピック・プロジェクト』
宇野常寛ほか　（PLANETS）
『石毛宏典の「独立リーグ」奮闘記』　石毛宏典　（アトラス出版）
『日本プロ野球改造論』　並木裕太　（ディスカヴァー携書）
『パ・リーグがプロ野球を変える　6球団に学ぶ経営戦略』　大坪正則　（朝日新書）
『アホがプロ野球を滅ぼす』　江本孟紀　（ロング新書）
『Jリーグ再建計画』　大東和美、村井満、秋元大輔　（日経プレミアシリーズ）
「週刊東洋経済」　2016年8／6号

『青少年のスポーツライフ・データ2015　10代のスポーツライフに関する調査報告書』
SSFスポーツライフ調査委員会　（笹川スポーツ財団）
『子どものスポーツライフ・データ2015　4～9歳のスポーツライフに関する調査報告書』
SSFスポーツライフ調査委員会　（笹川スポーツ財団）
『プロ野球の世界に生きるということ　フェンスの向こうの特殊性』　佐野正幸　（長崎出版）
『野球百年』　大和球士　（時事通信社）
『玉木正之スポーツ・ジャーナリズムを語る（スポーツ・システム講座）』
玉木正之　（国士舘大学体育スポーツ科学学会）
『1000本ノックを超えて』　ボビー・バレンタイン　（永岡書店）
『日出づる国の「奴隷野球」　憎まれた代理人・団野村の闘い』　ロバート・ホワイティング　（文藝春秋）
『菊とバット』　ロバート・ホワイティング　（早川書房）
「朝日新聞」「毎日新聞」「讀賣新聞」「産経新聞」「日本経済新聞」
「高知新聞」
Wikipedia
ブログ「野球の記録で話したい」　http://baseballstats2011.jp/

野《や》球《きゅう》崩《ほう》壊《かい》

深刻化《しんこくか》する「野球離《やきゅうばな》れ」を食《く》い止《と》めろ！

二〇一六年一〇月一〇日　初版第一刷発行

著者　広尾《ひろお》　晃《こう》
装丁・本文設計　トサカデザイン（戸倉 巌、小酒保子）
ＤＴＰ　臼田彩穂
編集　圓尾公佑
発行人　北畠夏影
発行所　株式会社イースト・プレス
〒一〇一‐〇〇五一
東京都千代田区神田神保町二‐四‐七　久月神田ビル
電話：〇三‐五二一三‐四七〇〇
ファクス：〇三‐五二一三‐四七〇一
http://www.eastpress.co.jp
印刷所　中央精版印刷株式会社

ISBN978-4-7816-1481-6